¡Ah, un mundo maravilloso
se abre ante nosotros!

¡Échale un vistazo!

Autoras
Alma Flor Ada • F. Isabel Campoy

www.harcourtschool.com

Printed in the United States of America

ISBN 10: 0-15-354274-8
ISBN 13: 978-0-15-354274-9

2 3 4 5 6 7 8 9 10 0868 16 15 14 13 12 11 10 09

¡Échale un vistazo!

www.harcourtschool.com

Tema 6
Nuevos lugares, nuevas caras

Contenido

Lección 25

EXHIBICIÓN AÉREA DE BURTON

Lección 26

Lección 27

Lección 28

Estudios Sociales

Estudios Sociales

Lección 29

Cuento decodificable

Estudios Sociales

Estudios Sociales

Lección 30

Estudios Sociales

Cuento decodificable

Superlibros del tema

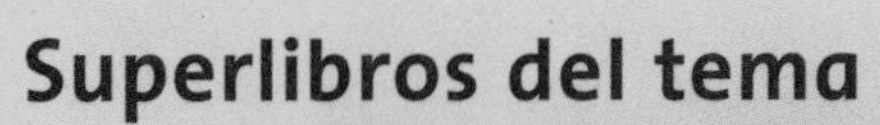

El otro lado del puente

Libros decodificables 25-30

Estrategias de comprensión

Antes de leer

Observa las fotos.
Piensa en lo que ya
sabes.

Establece un propósito.

Mientras lees

Haz preguntas.

¿Qué comen las ranas?

Vuelve a leer.

Volveré a leer esta página.

Responde preguntas.

¡Oh! Algunas ranas comen insectos.

Después de leer

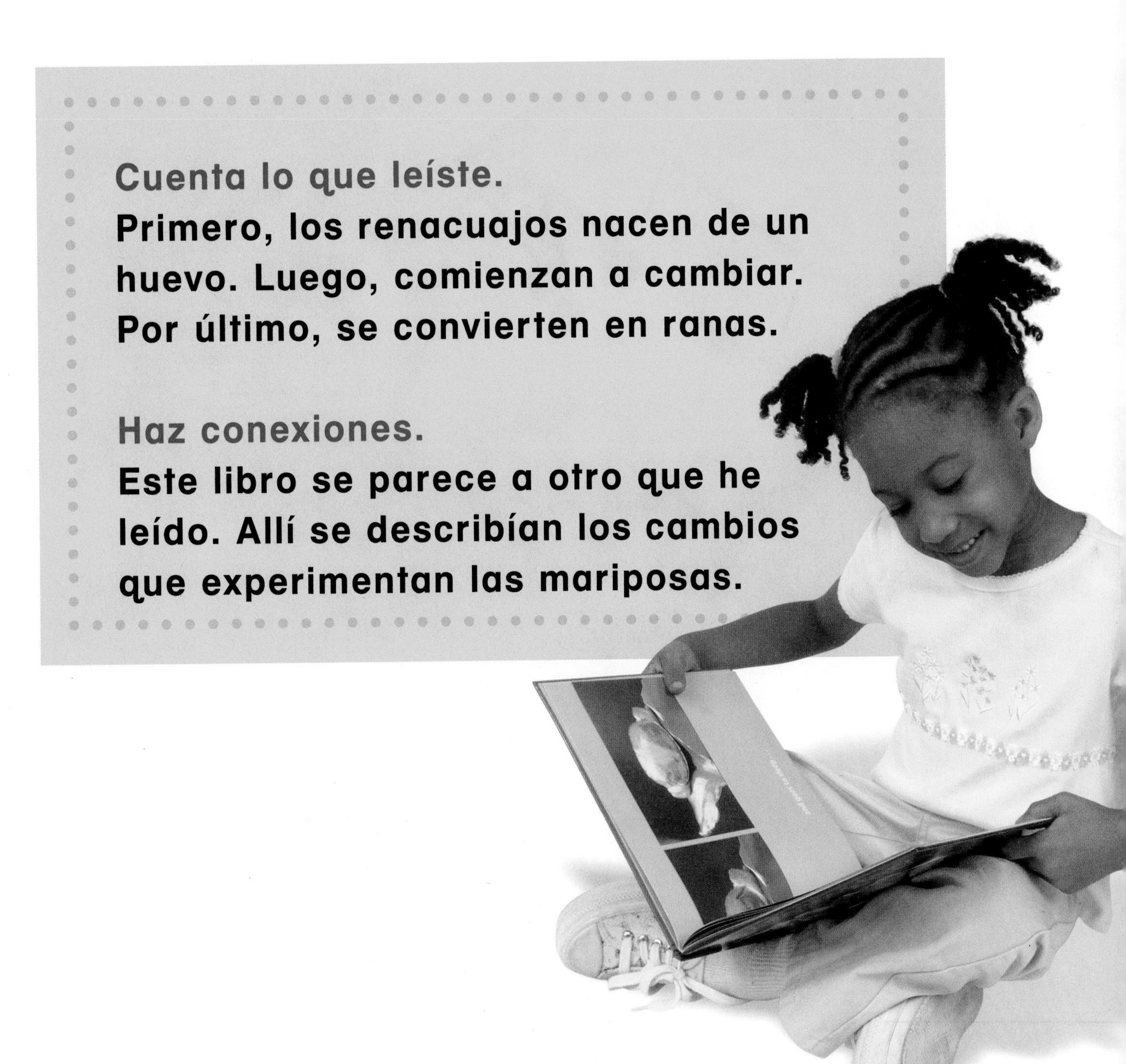

Cuenta lo que leíste.
Primero, los renacuajos nacen de un huevo. Luego, comienzan a cambiar. Por último, se convierten en ranas.

Haz conexiones.
Este libro se parece a otro que he leído. Allí se describían los cambios que experimentan las mariposas.

	Lección 25	Lección 26	Lección 27
Títulos de las lecturas	Perros trabajadores **Animales asombrosos** La tortuguita	Volar como las mariposas **Dina y Gus van al espacio** Viajes en el tiempo	Una sorpresa en el jardín **Evú, Gabi y la foca bebé** Fellini, el oso marino
Estrategias de comprensión	Usar organizadores gráficos	Regular el ritmo de lectura	Inferir
Destrezas de enfoque	Sílabas terminadas en *-c* y palabras con *cc*	Trama, escenario y personajes	Trama, escenario y personajes

Enlace: Lectura y escritura

Tema 6 Nuevos lugares, nuevas caras

Los aeroplanos de Burton,
Jane Wooster Scott

Lección 28	Lección 29	Lección 30
Los retratos de Cecilia **La fábrica de creyones** Creyones	Una casa frente al mar **El castillo de arena** ¡Esculturas en la costa!	En busca de la felicidad **La lista de Sapo** Tarde de agosto
Volver a leer	Reconocer la estructura del cuento	Resumir
Detalles	Detalles	Sílabas *gue, gui* y *güe, güi*

Contenido

Lección 25

1
Cuento decodificable
Perros trabajadores
por Sandra Widener
fotografías de Eric Camden
2
Género: No ficción
Animales asombrosos
por Gwendolyn Hooks
La tortuguita
por Vachel Lindsay
ilustrado por Betsy Snyder
3
Género: Poesía

Cuento decodificable

Fonética
Sílabas terminadas en *–c*
palabras con *cc*

Palabras para aprender

Repaso

- también
- tiene
- gusta

Perros trabajadores

por Sandra Widener
fotografías de Eric Camden

Los perros son buenos compañeros de juego. Pero algunos también trabajan. Toctoc se entrena y practica para ayudar a su dueño.

Eric no puede oír, pero Toctoc oye por él. Cuando llaman a la puerta, Toctoc reacciona y le avisa a Eric que tiene una visita.

Otros perros tiran de los trineos. Para esta actividad se necesita mucha fuerza. ¡Mira cuánto pelo tienen estos perros! Lo necesitan para protegerse del frío.

Cuando la nieve tapa los caminos, los trineos son más prácticos que los carros. Claro que, para tirar de estos trineos, se necesitan muchos perros…

Otros perros son pastores. Estos perros son muy activos. Ladran a las ovejas para que no se alejen de la manada.

Los perros pastores indican a las ovejas qué dirección deben seguir. Pero también las cuidan y les hacen compañía.

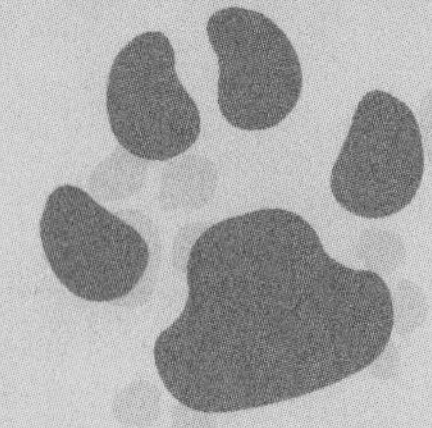

Los perros son divertidos, y además son muy buenas mascotas. Algunos trabajan y otros no... ¡pero a todos les gusta recibir amor!

Destreza fonética

Sílabas terminadas en *–c* y palabras con *cc*

Observa las fotos. Busca sílabas terminadas en *–c* en las palabras que aparecen debajo de cada foto. ¿Estas sílabas aparecen al principio o al final de las palabras?

cacto

lector

tractor

Observa las fotos. Lee las palabras. Señala qué palabra corresponde a cada foto.

lección

lectura

dirección

sección

colección

reacción

www.harcourtschool.com/reading

Inténtalo

Lee las oraciones.

Victoria y Héctor toman lecciones de flauta. Practican todos los días. ¡A su perro Coco le encanta escucharlos!

Palabras para aprender

Palabras de uso frecuente

largo

ancho

blanco

ojos

dientes

derecha

izquierda

¡Hola! Soy un oso polar. A lo **largo** y a lo **ancho** del lugar donde vivo, sólo ves hielo. Mi pelo es **blanco** y mis **ojos** son oscuros. Tengo **dientes** afilados que me sirven para masticar mi alimento. Me gusta deslizarme sobre el hielo: un poco a la **derecha**, un poco a la **izquierda** y luego... ¡hacia abajo! ¡Viva!

En Internet www.harcourtschool.com/reading

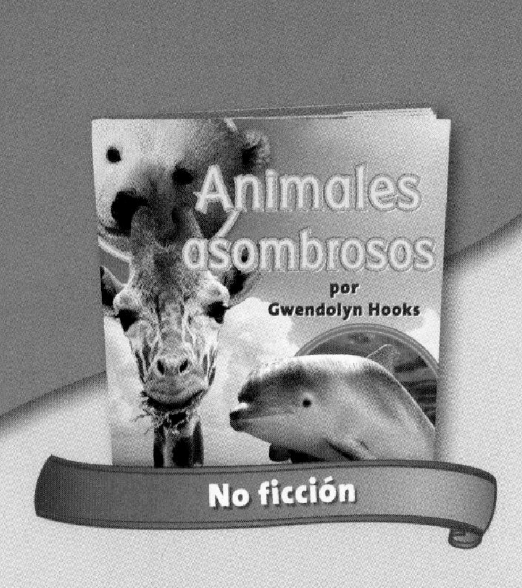

Estudio del género

En el género de **no ficción** se combinan imágenes y palabras para brindar información.

Animal	Característica especial	Para qué sirve

Estrategia de comprensión

Usar organizadores gráficos Escribir la información en un organizador gráfico te ayudará a comprender mejor lo que lees.

Animales asombrosos

por
Gwendolyn Hooks

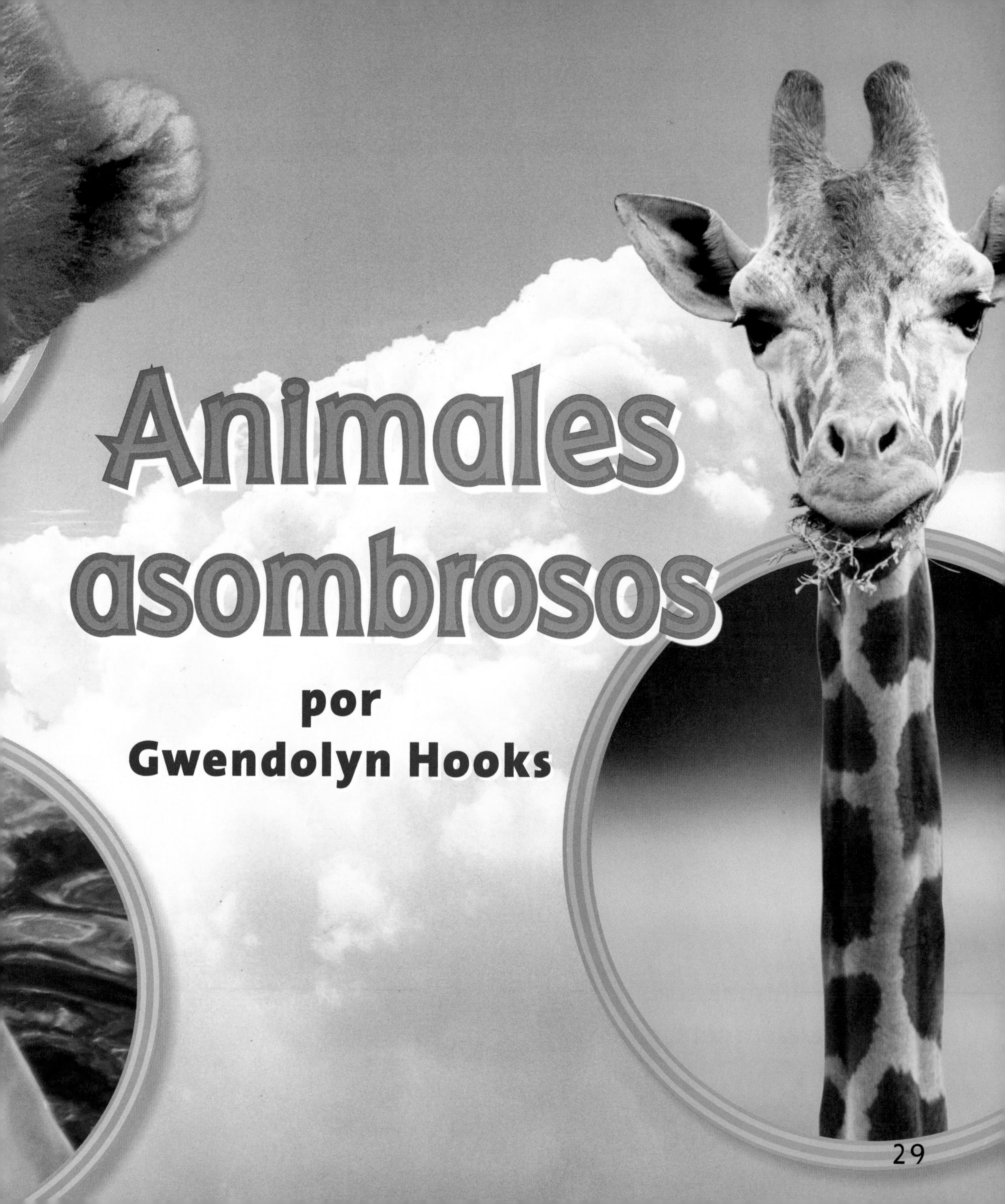

¡Ojos grandes,
pico ancho,
mucho pelo,
aletas para nadar!

Los animales tienen muchas características que los ayudan a vivir.

El oso polar

Los osos polares tienen mucho pelo. Su pelo es transparente como el vidrio. Cuando les da el sol, el pelo parece blanco.

¿Para qué les sirve este tipo de pelo a los osos polares?

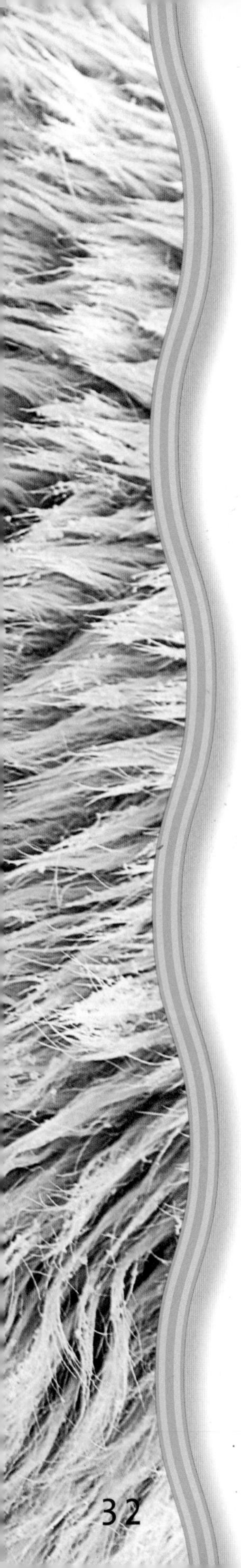

El pelo abriga a los osos polares. Además, los ayuda a esconderse. ¿Sabes por qué? Porque es del mismo color que la nieve.

¿Dónde se esconde este pequeño oso polar?

El elefante

Los elefantes tienen dos dientes largos y una especie de nariz, también muy larga. Estos dientes se llaman colmillos. La nariz muy larga se llama trompa.

¿Para qué les sirven la trompa y los colmillos a los elefantes?

Con los colmillos, los elefantes
arrancan la corteza de los árboles.
Y usan la trompa para beber agua.

¡A veces la usan para bañarse!

El camello

Algunos camellos tienen una sola joroba. Otros tienen dos. Todos los camellos tienen dos hileras de pestañas.

¿Para qué les sirven la joroba y las pestañas a los camellos?

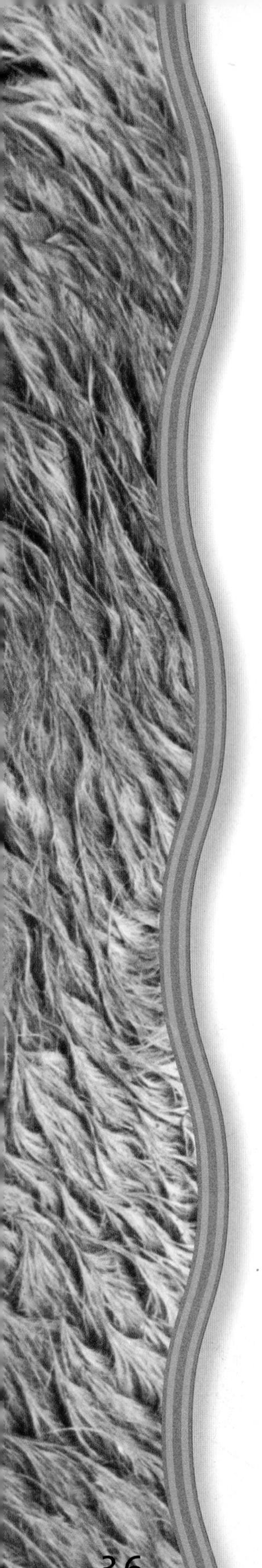

En la joroba, los camellos juntan grasa. Cuando tienen que hacer viajes largos, esa grasa les sirve de alimento. Las pestañas sirven para que no les entre arena en los ojos.

¡Mira esas hermosas pestañas!

El pato

Los dedos de los patos están unidos por una membrana. También tienen un pico muy ancho.

¿Para qué les sirven el pico ancho y la membrana a los patos?

La membrana ayuda a que los patos naden mejor. Y usan el pico ancho para comer plantas.

¡Este patito usa el pico para limpiar a su amigo!

La jirafa

Las jirafas tienen manchas. También tienen el cuello muy largo.

¿Para qué les sirven las manchas y el cuello muy largo a las jirafas?

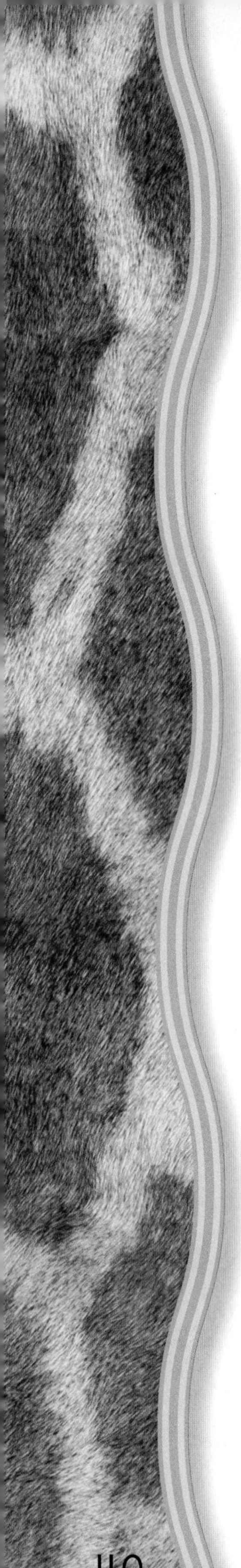

Las manchas ayudan a las jirafas a esconderse. El cuello largo les permite alcanzar las hojas más altas de los árboles.

¡Mira cómo dobla el cuello esta jirafa para besar a su pequeña jirafita!

El puercoespín

Los puercoespines tienen púas largas y afiladas. ¡Pinchan como un cacto!

¿Para qué les sirven las púas a los puercoespines?

Las púas sirven a los puercoespines como protección. Si un animal se le acerca mucho, el puercoespín le clava sus púas. ¡Es un impacto muy doloroso!

¿Qué podría pasarle a este animal?

La tortuga

Las tortugas tienen un caparazón muy duro.

¿Para qué les sirve el caparazón a las tortugas?

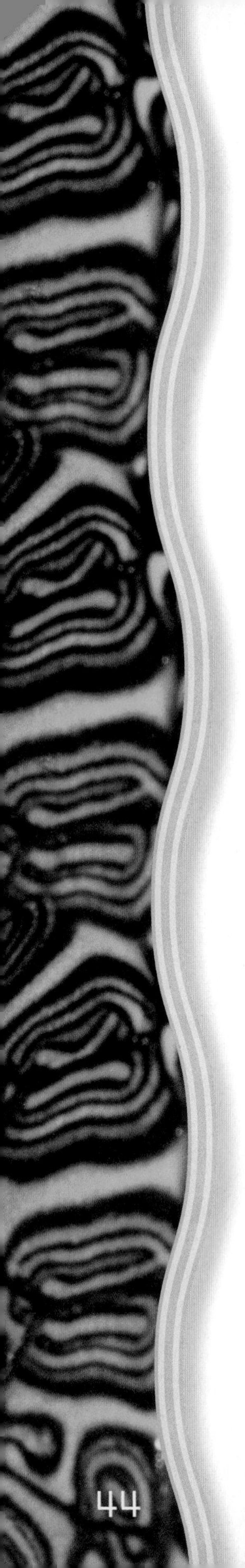

Si algún animal las molesta, las tortugas reaccionan y se meten en su caparazón. Sólo salen cuando el animal ya se ha alejado.

¡Hola, tortuguita!

El delfín

Los delfines tienen una cola y dos aletas, una a cada lado del cuerpo.

¿Para qué les sirven la cola y las aletas a los delfines?

Los delfines mueven la cola hacia arriba y hacia abajo para nadar más rápido. Con las aletas, cambian de dirección: doblan a la derecha o a la izquierda.

Estos delfines ya se van. ¡Adiós, delfines!

Pensamiento crítico

1. ¿Qué animales tienen características especiales que los ayudan a esconderse? NOTAR DETALLES

2. ¿Qué animales tienen características especiales que los ayudan a comer? NOTAR DETALLES

3. ¿Qué otras cosas pueden hacer los elefantes con la trompa? SACAR CONCLUSIONES

4. ¿Por qué crees que este texto se llama "Animales asombrosos"? INFERIR

5. **ESCRIBE** ¿Qué animal crees que es el más asombroso? Escribe acerca de eso. RESPUESTA PERSONAL

Conoce a la autora

Gwendolyn Hooks

Gwendolyn Hooks escribió este texto porque ama a los animales. “Esta lectura trata de los animales salvajes”, explica. “Pero no tengo ninguno de esos animales en casa: mi única mascota es un gato”.

"Me gusta escribir textos de no ficción para niños, porque la vida real está llena de cosas interesantes.

Si quieres dedicarte a escribir, debes leer todos los días. ¡Puedes comenzar el día leyendo las inscripciones de una caja de cereales!".

En Internet www.harcourtschool.com/reading

La tortuguita
por Vachel Lindsay
ilustrado por Betsy Snyder
Maestros: Leer en voz alta
Poesía

La tortuguita

por Vachel Lindsay
ilustrado por Betsy Snyder

Yo tenía una tortuguita
que dormía bajo un jazmín
y si llovía, nadaba
en los charcos del jardín.

Quiso morder a un mosquito
y quiso morder a un pez;
quiso morder a una pulga
y quiso morder mi pie.

Pudo atrapar al mosquito
y pudo atrapar al pez.
Pudo atrapar a la pulga
¡pero no atrapó mi pie!

Enlaces

Comparar textos

1. ¿En qué se parecen "Animales asombrosos" y "La tortuguita"? ¿En qué se diferencian?

2. Comenta sobre algún animal asombroso que hayas visto alguna vez.

3. ¿Cuál es tu animal favorito? ¿Por qué?

Escritura

Piensa en algún animal que te guste. Busca información en un libro acerca de ese animal. Escribe tres oraciones con los datos que hayas obtenido.

Fonética

Forma y lee nuevas palabras.

Empieza con **acción**.

Cambia **ción** por **tor**.

Cambia **ac** por **sec**.

Cambia **sec** por **lec**.

Cambia **tor** por **ción**.

Práctica de la fluidez

Lee el cuento con un compañero. Túrnense para leer una página cada uno. Lean algunas páginas como si le estuvieran leyendo a un niño muy pequeño. Lean otras como si le estuvieran leyendo a su maestra. ¡Presten mucha atención a cómo cambian la entonación de sus voces!

Enlace: Lectura y escritura

Narración personal

Este año, hemos leído muchos cuentos. Uno de mis favoritos es "El misterio de la canción nocturna". He escrito un cuento sobre algo que me ocurrió. Se llama "El concurso de pintura". Primero escribí un borrador. Luego hice algunas modificaciones.

Ejemplo de escritura

El concurso de pintura
por Ana

¡Me encanta pintar! Mi papá lo sabe, así que me regaló un estuche de pinturas. Dibujé a mi perro. Luego, envié mi pintura a un concurso. ¡Gané! Estaba muy pero muy contenta.

Característica de escritura

VOZ Lo primero que escribo hará que la gente quiera leer más.

Característica de escritura

ORGANIZACIÓN Escribo lo que pasó al principio, en el medio y al final de la historia.

Esto es lo que hago cuando escribo.

▶ **Escribo mis ideas.**

picnic

pintura

una visita a mis primos

hornear bizcochos

▶ **Elijo la idea que más me gusta.**

- **Planifico mi cuento.**

- **Escribo mis ideas.**
- **Leo lo que escribí y hago modificaciones.**
- **Escribo mi cuento en la computadora.**

Aquí hay algunos consejos para recordar cuando escribas sobre algo que te pasó.

Lista de cotejo para la narrativa personal

- Mi cuento trata sobre algo que me pasó.
- Mi cuento dice qué pasó, cuándo pasó y a quién le pasó.
- Mi cuento tiene un principio, un medio y un final.
- Mis oraciones comienzan con mayúscula.
- Mis oraciones terminan con un punto.
- Escribo oraciones completas.

Contenido

Lección 26

1
Cuento decodificable
Volar como las mariposas
por Emily Hutchinson
ilustrado por Alison Jay
2
Género: Fantasía
Dina y Gus van al espacio
por
Rozanne Lanczak Williams
ilustrado por
Pete Whitehead
Viajes en el tiempo
3
Género: Artículo de no ficción

Cuento decodificable

Fonética
Sílabas terminadas en *–b* y en *–p*

Palabras para aprender

Repaso

- bien
- siempre
- gran
- hasta

Volar como las mariposas

por Emily Hutchinson
ilustrado por Alison Jay

—Benito, te propongo algo —grita Caleb—. Vayamos de viaje… ¡volando! ¿Aceptas?

—¿Volando? Pero somos conejos. ¡Y los conejos no vuelan! ¿O acaso tienes un helicóptero? —responde Benito.

—No —dice Caleb—. Pero tengo un objeto muy especial… ¡para volar como las mariposas!

—¿Y qué es? —pregunta Benito, curioso.

—Si vienes conmigo, lo verás.

Asombrado, Benito observa lo que le muestra Caleb. Son alas de mariposa... ¡óptimas para volar!

—Esta noche volaremos —dice Caleb.

—¡Qué bien! —exclama Benito—. ¡Siempre quise volar como las mariposas!

Esa noche, Benito y Caleb suben a una colina muy alta. Se ponen las alas y dan un gran salto.

Todo va bien, hasta que...

…¡se caen!

—¡Ay, qué golpe nos dimos! —se queja Benito—. ¡Claro! ¡No nacimos con alas!

—No, sólo tenemos pelo —suspira Caleb—. Pero… ¡al menos lo intentamos!

Destreza de enfoque

Trama, escenario y personajes

La **trama** es lo que ocurre en un cuento. El **escenario** es el lugar y el momento en el que transcurren los acontecimientos del cuento. Los **personajes** son los animales o las personas que aparecen en el cuento.

En la ilustración, la **trama** se trata de un viaje en globo hacia el arco iris. El **escenario** es el aire, sobre un bosque, de día. Los **personajes** son un oso, un gato y un pato.

Observa la ilustración. ¿Cuál es la trama? ¿Cuál es el escenario? ¿Quiénes son los personajes?

Inténtalo

Observa la ilustración. ¿Cuál es la trama? ¿Cuál es el escenario? ¿Quiénes son los personajes?

www.harcourtschool.com/reading

Palabras para aprender

Palabras de uso frecuente

lejos

difícil

fácil

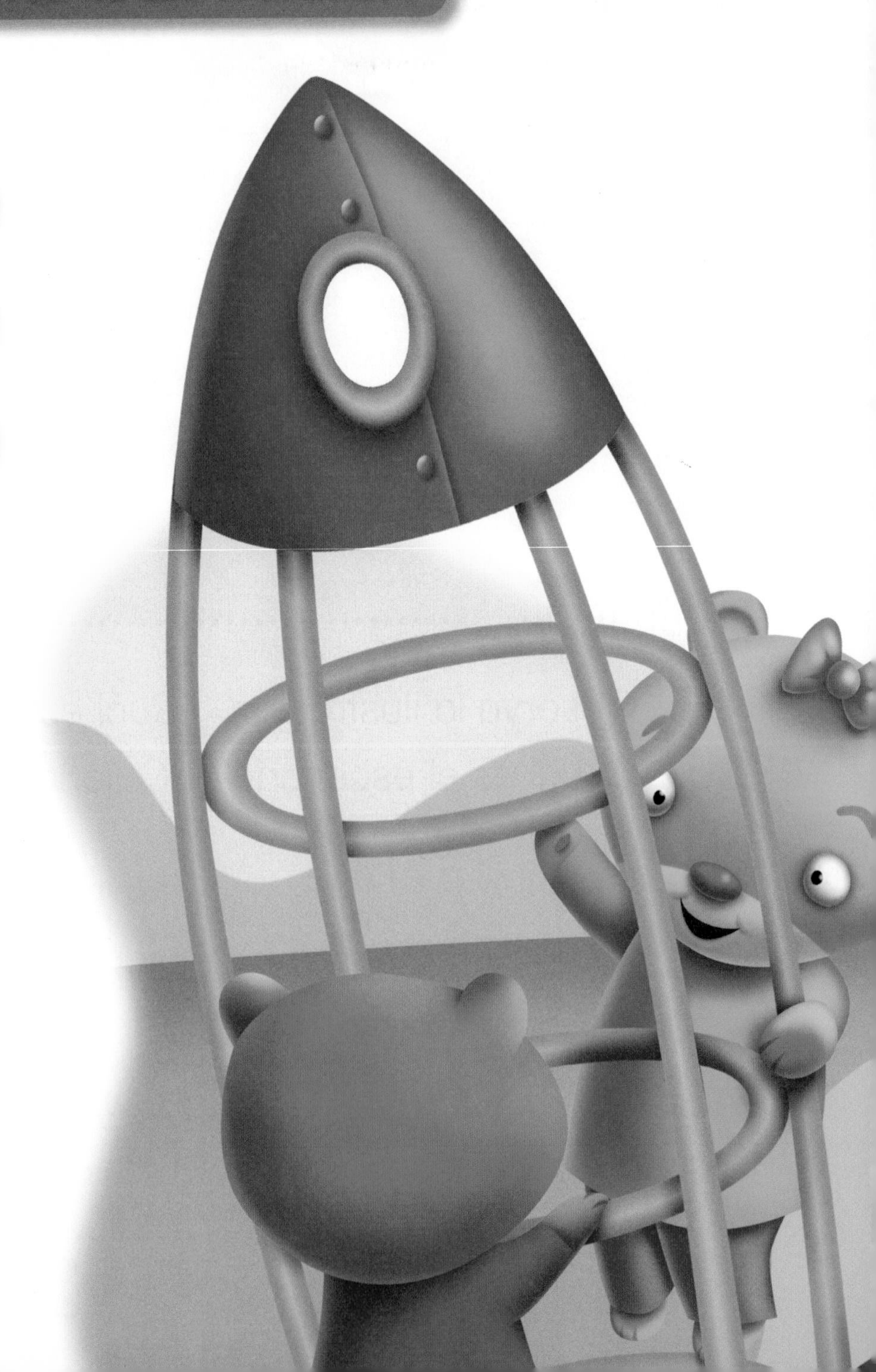

A Dina y a Gus les encanta jugar en el parque. Pasan todo el día trepados al cohete.

—¡Voy a volar muy **lejos**! —exclama Dina—. ¡Hasta las estrellas!

—Eso va a ser **difícil** —le dice Gus—. Éste es un cohete de juguete.

—Al contrario, es muy **fácil** —dice Dina—. Sólo tienes que usar tu imaginación.

Estudio del género

Un cuento de **fantasía** es un cuento inventado. En los cuentos de fantasía a menudo hay animales que actúan como personas.

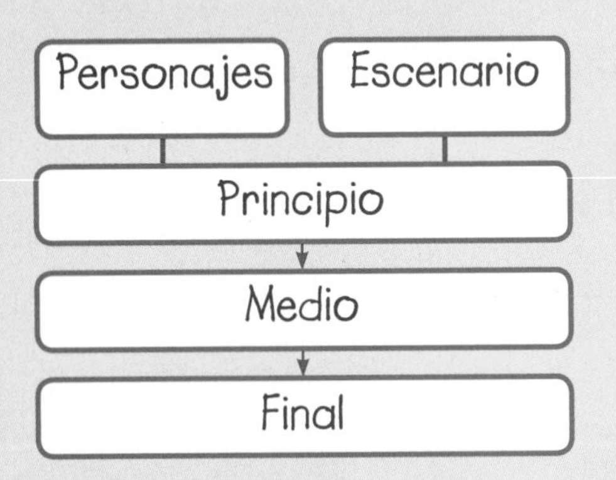

Estrategia de comprensión

Verificar la comprensión: Regular el ritmo de lectura Si no comprendes lo que estás leyendo, debes leer más lentamente.

Dina y Gus van al espacio

por
Rozanne Lanczak Williams

ilustrado por
Pete Whitehead

Dina y Gus son buenos amigos. Sus madres también son buenas amigas. Un día de septiembre, fueron al parque.

—¡Te juego una carrera hasta el cohete! —gritó Dina—. ¡En sus marcas! ¡Listos! ¡Ya!

Dina y Gus corrieron. Treparon hasta la punta del cohete. Sus madres observaban desde una mesa del parque.

—¿Será veloz esta nave? —preguntó Dina.

—¿Hasta dónde llegará? —preguntó Gus.

—¡Tratemos de ponerla en marcha! —dijo Dina.

Dina y Gus apretaron todos los botones. Pulsaron todos los interruptores. Giraron todos los timones.

—¡Vamos! —exclamó Dina.

—10 – 9 – 8 – 7 – 6 – 5 – 4 – 3 – 2 – 1... ¡CERO! —gritaron.

Dina y Gus miraron desde la nave. Dejaron a sus madres muy lejos, allá abajo. Dejaron el parque muy lejos, allá abajo. Dejaron la ciudad muy lejos, allá abajo. Dejaron atrás la Tierra y se elevaron por el cielo.

Dejaron atrás la Luna. Dejaron atrás un cometa. Dejaron atrás una estrella. Llegaron hasta un brillante planeta verde.

—¡Esto es genial! —dijo Dina.

—¡Qué fácil es llegar al espacio! —dijo Gus.

—¡Sí! ¡Yo creía que era más difícil! —dijo Dina.

—¡Blibli! —dijo una pequeña criatura verde.

—Creo que “blibli” quiere decir
“hola” —dijo Dina.

—Creo que tienes razón —dijo Gus.

—¡Blibli! —dijeron Dina y Gus.

Los dos amigos jugaron con la pequeña criatura verde. Se columpiaron. Brincaron, saltaron y treparon.

—¡Oh, no! —dijo entonces Dina—. Se hace tarde. Me parece que deberíamos volver.

—¡Zip zop! —dijo la criatura verde, y les obsequió unas flores muy raras.

—Creo que eso significa "adiós" —dijo Gus.

—Creo que tienes razón —dijo Dina.

—¡Zip zop! —saludaron Dina y Gus.

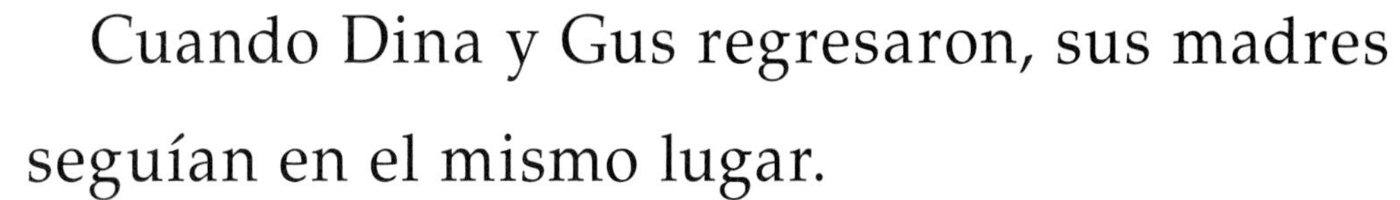

Cuando Dina y Gus regresaron, sus madres seguían en el mismo lugar.

—¡Oh, cielos, cómo pasa el tiempo! —dijo la mamá de Dina—. ¡Es hora de comer!

—¡Hemos volado a un planeta verde! —dijo Dina.

—¡Sí! ¡Hicimos un amigo nuevo allí! —dijo Gus—. ¿No oyeron el despegue de nuestro cohete?

—Bueno, sí. Me pareció oír algo —dijo la madre de Dina, guiñando un ojo.

—Están bromeando, ¿verdad, niños? —dijo la madre de Gus.

—¡Blibli! —dijeron Dina y Gus.

—Tenemos una sorpresa para ustedes —dijeron Dina y Gus.

—¿Qué es ese objeto tan raro? —preguntó la madre de Gus.

—¡Mira esos pétalos verdes! ¡Parecen plumas! —dijo la madre de Dina.

—¡Zip zop! —dijeron Dina y Gus.

Los niños rieron y corrieron a su cohete.

Pensamiento crítico

1. ¿Cómo describirías a Dina y a Gus?
   PERSONAJES

2. ¿Cuáles son los dos escenarios del cuento? ESCENARIO

3. ¿Qué es lo más importante que ocurre en el cuento? TRAMA

4. ¿Piensas que Dina y Gus realmente visitaron otro planeta? INFERIR

5. **ESCRIBE** Escribe un nuevo final para "Dina y Gus van al espacio".
   RESPUESTA PERSONAL

Conoce a la autora

Rozanne Lanczak Williams

Rozanne Lanczak Williams comenzó a escribir cuentos cuando tenía 8 años. Dice: “Si quieres ser escritor, mira a tu alrededor y observa las cosas. Nadie ve las cosas de la misma manera que tú. ¡Lee muchos libros! Por lo menos, eso es lo que me inspira a mí”.

Conoce al ilustrador

Pete Whitehead

Pete Whitehead dice que le encanta ser artista porque puede dibujar personajes graciosos. “Para mí, dibujar animales es más divertido que dibujar personas”, dice.

www.harcourtschool.com/reading

Estudios Sociales

Artículo de no ficción

Maestros: Leer en voz alta

Viajes en el tiempo

Hace mucho tiempo, la gente sólo podía viajar a pie. Ahora hay automóviles, trenes, barcos y aviones.

Con el tiempo, se inventaron máquinas que pueden viajar por la tierra, por el agua y por el aire. ¡Incluso fue posible viajar a la Luna!

Buzz Aldrin en la Luna ▶

Observa algunos de los medios de transporte que se usaban en el pasado para ir de un lugar a otro. Luego, observa los que se usan en el presente.

Pasado | **Presente**

¿Cómo imaginas que viajará la gente en el futuro?

Enlaces

Comparar textos

1. ¿En qué se parecen el cuento y el artículo? ¿En qué se diferencian?

2. Cuenta lo que sepas sobre el espacio exterior.

3. Cuenta alguna aventura que hayas tenido.

Escritura

Piensa en el cuento y en el artículo. Busca más información sobre el espacio exterior en algún libro. Escribe tres datos sobre el espacio.

Fonética

Forma y lee nuevas palabras.

Comienza con **obtuvo**.

Cambia **tu** por **ser**.

Comienza con **acepto**.

Cambia **a** por **con**.

Cambia **con** por **ex**.

Práctica de la fluidez

Algunas oraciones hay que leerlas en un tono más fuerte. Seguramente, Dina diría muy fuerte "¡Te juego una carrera hasta el cohete!".

Busca oraciones que haya que leer muy fuerte o en un tono más bajo. Lee cada una del modo que corresponda.

Contenido

Lección 27

1 Cuento decodificable

2 Género: Ficción

Evú, Gabi y la foca bebé

por Jane Simmons

Fellini,

Género: Artículo de no ficción

Cuento decodificable

Fonética

Repaso: Sílabas con *b* y sílabas con *v*

Palabras para aprender

Repaso

- sorpresa
- después
- cuando
- entonces
- respondió
- verdad

Una sorpresa en el jardín

por Linda Barr

ilustrado por Pablo Bernasconi

David estaba leyendo en la sala. De repente, oyó un sonido muy suave.

—¿Qué es eso? —dijo—. ¡Parece un llanto!

Salió a ver qué ocurría.

¡Qué sorpresa! Entre las flores, había una perra.

—Hola, perrita. ¿Estás perdida? ¿No sabes dónde vives? —dijo David.

La perrita no paraba de mover la cola.

La perrita dio unas vueltas por el jardín. Después corrió hacia la casa. Cuando iba a entrar, David la detuvo:

—¡A la casa no! —gritó.

Su papá le había dicho que no podían tener un perro. ¡Era mucho trabajo!

“¿Estará abandonada?”, se preguntó David. “Ojalá mi papá permita que se quede a vivir aquí”, pensó.

Papá miraba todo desde la puerta.

Entonces vino su papá. Vio a la perrita y la saludó:

—¡Hola, Bellota! ¿Qué haces aquí?

—¿Cómo sabes su nombre? ¿La conoces? —preguntó David.

—Vive en esta calle —respondió su papá.

—Pronto tendrá cachorros. ¡Debemos llevarla a su casa! ¿Quieres quedarte con uno de sus bebés? Podemos preguntar. Si lo cuidas...

¡Qué buena noticia! David estaba feliz.

—¿De verdad? ¡Gracias, Papá! Lo cuidaré muy bien. Te lo prometo.

Destreza de enfoque

Trama, escenario y personajes

La **trama** es lo que ocurre en un cuento. El **escenario** es dónde y cuándo transcurre el cuento. Los **personajes** son las personas y los animales que aparecen en el cuento.

En esta ilustración, la **trama** es sobre unos niños que visitan a un rey y una reina. El **escenario** es un castillo, durante el día. Los **personajes** son los niños, el rey y la reina.

Observa la ilustración. ¿Cuál es la trama? ¿Cuál es el escenario? ¿Quiénes son los personajes?

Inténtalo

Observa la ilustración. ¿Cuál es la trama? ¿Cuál es el escenario? ¿Quiénes son los personajes?

Palabras para aprender

Palabras de uso frecuente

noche

ventana

casa

lejos

Era una **noche** de un bonito día de verano. Evú miraba por la **ventana** de su **casa**. Le gustaba mirar las estrellas. A lo **lejos**, en la playa, se escuchaba el sonido de las focas jugando. Mañana iría a la playa a jugar con ellas. ¡Qué divertido!

www.harcourtschool.com/reading

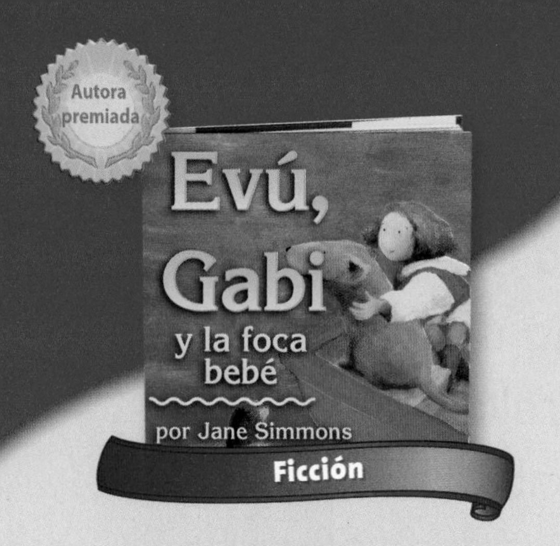

Estudio del género
En el género de **ficción,** el autor puede contar un cuento escribiendo lo que los personajes se dicen unos a otros.

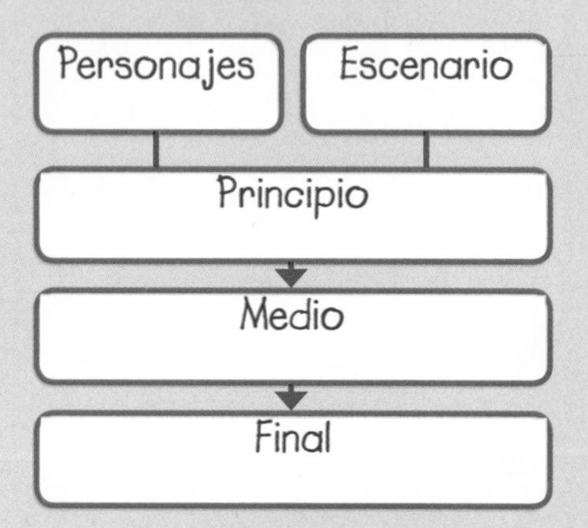

Estrategia de comprensión

Verificar la comprensión: Inferir A medida que lees, piensa en las pistas que el autor ha dejado para que reflexiones acerca de su significado.

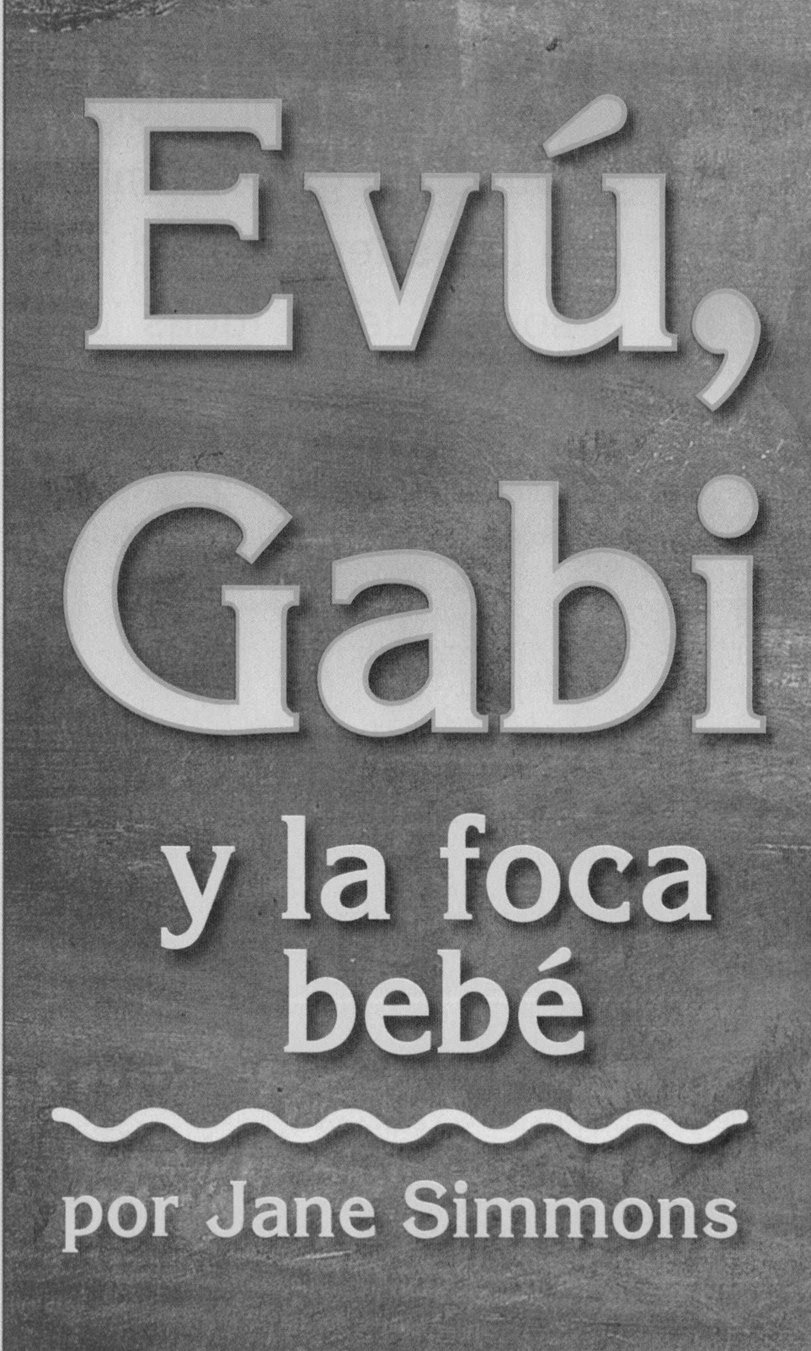

Evú escuchaba el golpeteo de la lluvia y el aullido del viento.

Plic, plic, plic, plic, ¡uuuuuuuuu!

Ya se le habían acabado los bizcochos, ya había masticado su juguete . . . ¡ahora quería jugar con alguien!

—*¡Guau!* —ladró Evú. Pero Gabi estaba muy ocupada pintando.

—*¡Guau!* —ladró Evú. Pero Ave estaba muy ocupada conversando con los patos.

—*¡Guau!* —ladró Evú. Pero Mamá también estaba muy ocupada.

Así que Evú se quedó escuchando la lluvia y el viento.

Plic, plic, plic, plic,¡uuuuuuuuu!

Entonces oyó unos gritos que venían de la playa:

—*¡Uaaa! ¡Uaaa!*

Evú miró por la ventana y vio . . .

. . . ¡una foca bebé! ¡Al fin había alguien con quien jugar! Evú y la foca bebé jugaron en la arena.

Jugaron en las olas.

Jugaron en los charcos de las rocas . . . ¡Jugaron todo el día!

Más tarde, Evú comenzó a sentir hambre. Pero cuando volvía a casa, la foca bebé quiso seguirla.

—*¡Uaaa! ¡Uaaa!* —gritaba.

—*¡Guau!* —ladró Evú. ¿Por qué su nueva amiga no se iba a su casa? Evú fue a buscar ayuda.

—*¡Guau!* —ladró Evú.

—*¡Puiii!* —respondió Ave.

—¡Shhh! —dijo Mamá—. Estamos trabajando. ¡Vayan a jugar afuera!

—*¡Guau!* —ladró Evú, más fuerte.

—¿Qué pasa, Evú? —preguntó Gabi.

—*¡GUAU! ¡GUAU! ¡GUAU!* —ladró Evú, hasta que Gabi y Mamá la siguieron . . .

...por la casa, el porche y la playa.

—¡Una foca bebé! Tal vez tenga hambre —dijo Gabi.

—Tal vez esté perdida —dijo Mamá.

—*¡Uaaa! ¡Uaaa!* —gritaba la foca.

—Necesita a su mamá —dijo Gabi.

—Entonces, vayamos a buscarla —propuso Mamá—. ¡Síganme!

Gabi siguió a Mamá; Evú siguió a Gabi y la foca siguió a Evú.

—*¡Uaaa!* —gritaba la foca bebé.

Gabi levantó los remos mientras Mamá empujaba el bote. Y partieron hacia la isla de las Focas.

—*¡Guau!* —le ladró Evú a la foca bebé.

—*¡Uaaa!* —respondió la foca.

Había focas por todas partes.

—¡Oh, no! —dijo Gabi—. ¡Nunca encontraremos a la mamá!

Mientras tanto, Evú miraba el mar con mucha atención.

De repente, Evú vio una foca que nadaba sola, asomando la cabeza fuera del agua.

—*¡Guau! ¡Guau! ¡GUAU!* —ladró.

—*¡UOOO!* —bramó la foca.

—*¡Uaaa!* —respondió la foca bebé.

—¡Bravo, Evú! ¡Has encontrado a la mamá! —exclamó Gabi.

La foca nadó hacia ellos y se puso a jugar con su bebé.

—¡Muy bien, Evú! —dijo Gabi.

—*¡Guau!* —ladró Evú.

—*¡Uaaa! ¡Uooo!* —gritaban las focas.

—Vamos a casa —dijo Mamá.

Esa noche, en sueños, Evú volvió a ver el mar y el bote y las focas.

Plic, plic, plic, plic, ¡uuuuuuuuu!

Y de lejos llegaban unos gritos:

—*¡Uaaa! ¡Uooo!*

Pero Evú estaba profundamente dormida . . .

Maestros: Leer en voz alta

Pensamiento crítico

1. ¿Cuál es el escenario del cuento? ESCENARIO

2. ¿Cómo se siente Gabi cuando se da cuenta de que la foca bebé está perdida? PERSONAJES

3. ¿Qué problema se presenta en el cuento? ¿Cómo se resuelve? TRAMA

4. ¿Cómo te das cuenta de que Evú es una perra inteligente? INFERIR

5. **ESCRIBE** ¿Qué habrías hecho para ayudar a la foca bebé? RESPUESTA ESCRITA

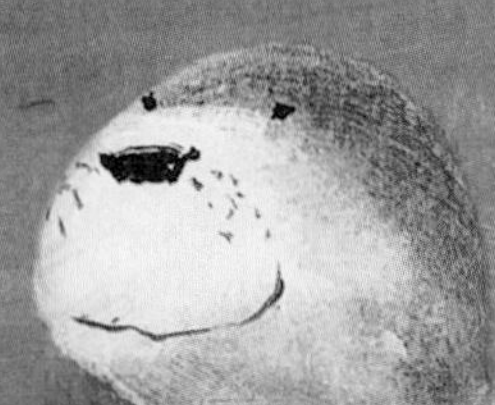

Conoce a la autora e ilustradora
Jane Simmons

Jane Simmons vive en un viejo barco pesquero. Viaja a diferentes lugares con su marido y sus numerosas mascotas. Las cosas interesantes que ve durante las travesías le dan ideas para sus libros. Jane escribe cuentos y usa su computadora para mantenerse en contacto con la gente.

www.harcourtschool.com/reading

Ciencias

Maestros: Leer en voz alta

Fellini, el oso marino

¡Hola! Me llamo Fellini y soy un oso marino.

Los osos marinos somos una especie particular de foca. Tenemos un pelaje suave y muy abundante que nos abriga. Además, nuestros oídos están recubiertos por unas pequeñas orejas. ¿Las ves? Todas las focas tienen oídos, pero algunas no tienen orejas. ¡Los osos marinos somos especiales! Estoy aquí para contarte más sobre nosotros.

Los osos marinos vivimos en lugares fríos. Compartimos nuestro hogar con otros animales que aman el frío. Los osos marinos somos vecinos de los pingüinos. ¿Te gustaría tener a un pingüino como vecino?

Las mamás tienen a sus crías en el verano. Yo soy una cría de oso marino, es decir, ¡soy un cachorro! Cuando las mamás llegan al hogar, llaman a sus cachorros gritando "¡Baaaaaa!". Eso quiere decir: "¡A comer!".

Mira ese oso marino. ¡Algún día voy a ser grande como él!

¿Tú también crees que los osos marinos somos especiales?

Maestros: Leer en voz alta

Enlaces

Comparar textos

1. ¿En qué se parece la foca bebé del cuento a Fellini?

2. ¿Qué otros animales se pueden ver en la playa?

3. Cuenta acerca de alguna vez en la que hayas ayudado a un animal.

Escritura

¿Qué diría la foca bebé si pudiera hablar? Escribe lo que crees que le diría a Evú.

La foca bebé diría: "Gracias por ayudarme a encontrar a mi mamá".

Fonética

Forma y lee nuevas palabras.

Comienza con **bote**.

Cambia **te** por **da**.

Cambia **bo** por **vi**.

Cambia **da** por **ve**.

Cambia **vi** por **a**.

Práctica de la fluidez

Lee el cuento con un compañero. Túrnense para leer las páginas. Si tu compañero no conoce alguna palabra, ayúdalo a leerla. Cuando lea correctamente, haz un gesto de aprobación.

Contenido

Lección 28

2
Género: No ficción

La fábrica de creyones

por Laura Williams

Creyones

por Marchette Chute

ilustrado por Vladimir Radunsky

3
Género: Poesía

Cuento decodificable

Fonética
Repaso: Sílabas con *ce, ci* y sílabas con *se, si*

Palabras para aprender

Repaso
bien
mientras
oh
respondió

Los retratos de Cecilia

por Deanne W. Kells

ilustrado por Melissa Iwai

Cecilia pensó en un regalo especial para su abuela. Decidió hacer retratos de toda la familia. “Espero que posen bien”, pensó.

Papá posó sentado en el sillón. Pero enseguida cerró los ojos. Se quedó dormido, y Cecilia lo dibujó así.

Mamá posó en la cocina. Sonreía mientras lavaba la vajilla. Tenía las manos llenas de jabón, y Cecilia la dibujó así.

Simón posó en el jardín. Estaba jugando a la pelota. En un momento, tropezó, y Cecilia lo dibujó así.

Lucía posó en su habitación. Estaba jugando con los dedos de los pies. Se movía y se reía mucho, y Cecilia la dibujó así.

Ciro posó bajo la cama. Jugaba con un montón de cajas vacías. No paraba de moverse. Hacía cada vez más lío, y Cecilia lo dibujó así.

Cecilia le regaló los retratos a la abuela.

—No posaron muy bien — se disculpó.

—Oh, sí, posaron bien —respondió la abuela—. ¡Todos se ven exactamente como son!

Destreza de enfoque

Detalles

Los **detalles** dan más información acerca de algo. Ayudan a responder las preguntas *¿quién?, ¿qué?, ¿dónde?* y *¿cuándo?*

Esta foto muestra muchos detalles que indican

¿Quién?	un niño y un hombre
¿Qué?	remontan una cometa
¿Dónde?	en un parque
¿Cuándo?	durante el día

Observa la ilustración. ¿Qué detalles ves? ¿Te ayudan a responder las preguntas *quién, qué, dónde* y *cuándo?*

Inténtalo

Observa la ilustración.
¿Qué detalles ves?
¿Responden las preguntas ***quién, qué, dónde*** y ***cuándo?***

Palabras para aprender

Palabras de uso frecuente

alrededor

luego

color

favorito

otro

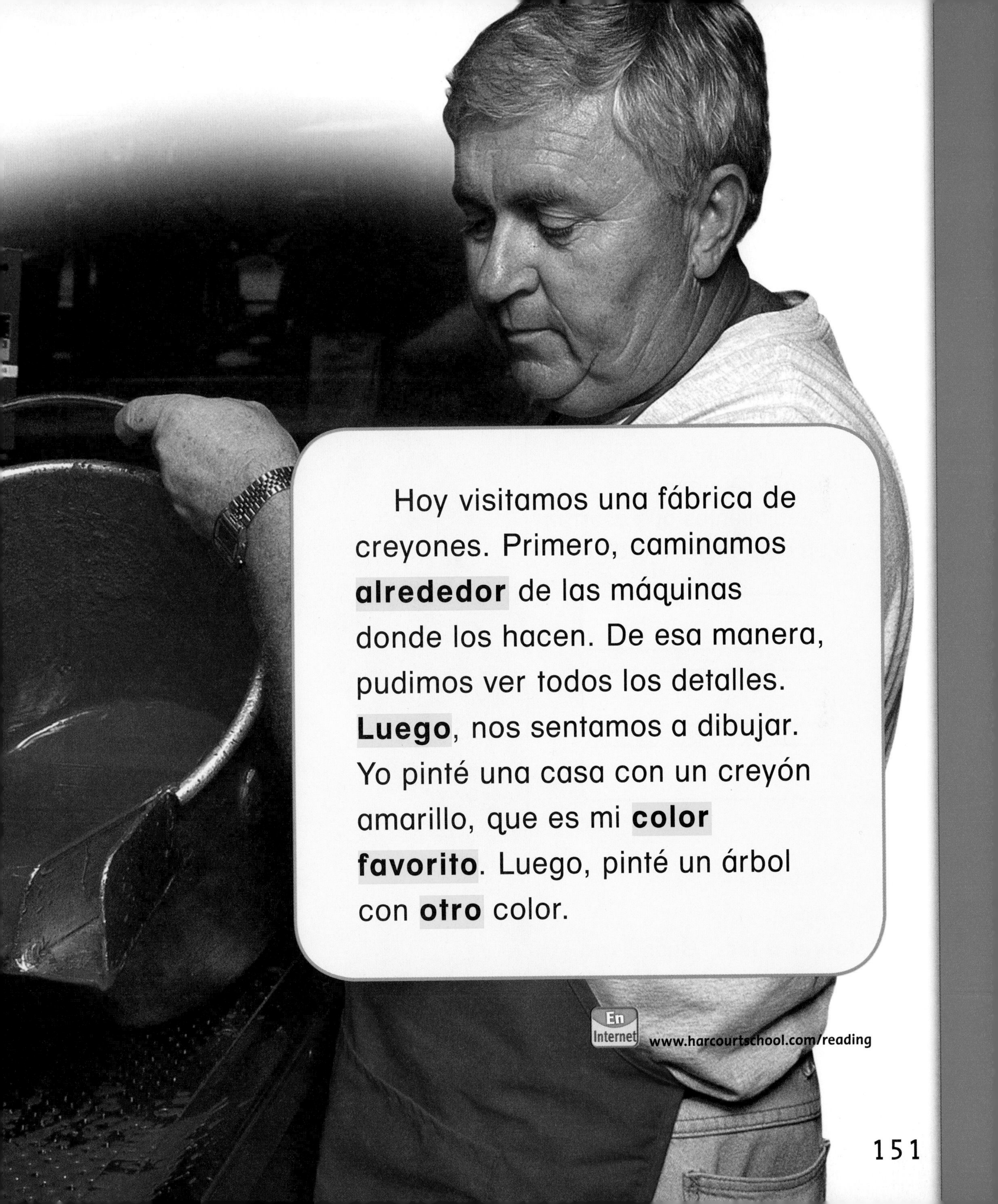

Hoy visitamos una fábrica de creyones. Primero, caminamos **alrededor** de las máquinas donde los hacen. De esa manera, pudimos ver todos los detalles. **Luego**, nos sentamos a dibujar. Yo pinté una casa con un creyón amarillo, que es mi **color favorito**. Luego, pinté un árbol con **otro** color.

En Internet www.harcourtschool.com/reading

Estudio del género

En un texto de **no ficción** a veces se usan fotografías para brindar información. A menudo, se muestran acontecimientos que ocurren en un determinado orden.

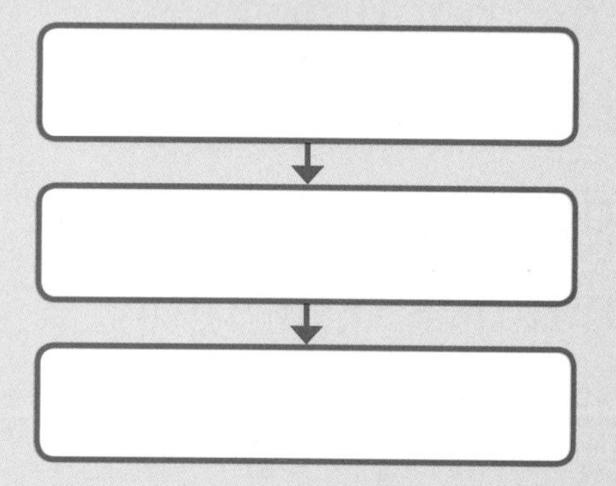

Estrategia de comprensión

Volver a leer Cuando no comprendes algo, léelo otra vez.

La fábrica de creyones

por Laura Williams

¡Mírenme! Soy un creyón rojo. ¿Quieren saber cómo se hacen los creyones? ¡Síganme!

Todo comenzó en una fábrica. Yo era una gran pasta de cera. La cera estaba en unos tanques enormes. ¡Los tanques estaban muy calientes!

Un día, la cera bajó por un tubo y pasó a otro tanque.

A la cera le pusieron un polvo rojo. ¡Y quedó roja! Yo estaba muy contento, porque el rojo es mi color favorito. Después, la cera bajó por otro tubo y pasó a una cubeta muy grande.

Más tarde, un hombre echó la cera en un molde. El molde tenía muchos agujeros con forma de creyón. Todos los agujeros se llenaron de cera.

Después, pusieron agua sobre el molde. ¡El agua estaba muy fría! Con el agua fría, la cera se endureció. ¡Ya casi era un creyón!

Un señor que trabajaba ahí me sacó del molde. A mi alrededor había otros creyones rojos, muy finitos. El hombre examinó los creyones para ver si estaban rotos. A los creyones rotos se los derrite y se los hace otra vez.

Finalmente, llegó mi turno. El hombre vio que yo no estaba roto. ¡Qué suerte!

Y me pusieron una etiqueta. Una máquina me hizo girar. Di vueltas y más vueltas. ¡Iupiii! Quedé muy mareado.

Luego, una máquina nos clasificó por color. Había una fila para cada color. Yo estaba en la fila de los rojos.

Después, miré hacia abajo y vi muchos otros colores.

—¡Hola, Amarillo! ¡Hola, Verde! —grité.

—¡Hola, Rojo! Ven aquí, con nosotros —me respondieron.

Después, nos pusieron en cajas. Algunas cajas tenían 96 creyones. Otras sólo tenían 24. A mí me pusieron en una pequeña caja con otros creyones. Todos eran simpáticos y de colores muy vivos. Éramos un grupo fantástico.

Luego, pusieron las cajas en cajas más grandes. Un señor cargó las cajas grandes en un camión. ¡Hicimos un viaje muy largo! Finalmente, el camión se detuvo frente a una tienda.

En la tienda nos pusieron en un estante. Cuando la gente pasaba a mi lado, yo gritaba: —¡Aquí! ¡Aquí!

Un día, una niña de camiseta roja eligió la caja donde estaba yo. Se llamaba Cecilia. "¡Excelente!", pensé. "¡Ahora, podré colorear dibujos!".

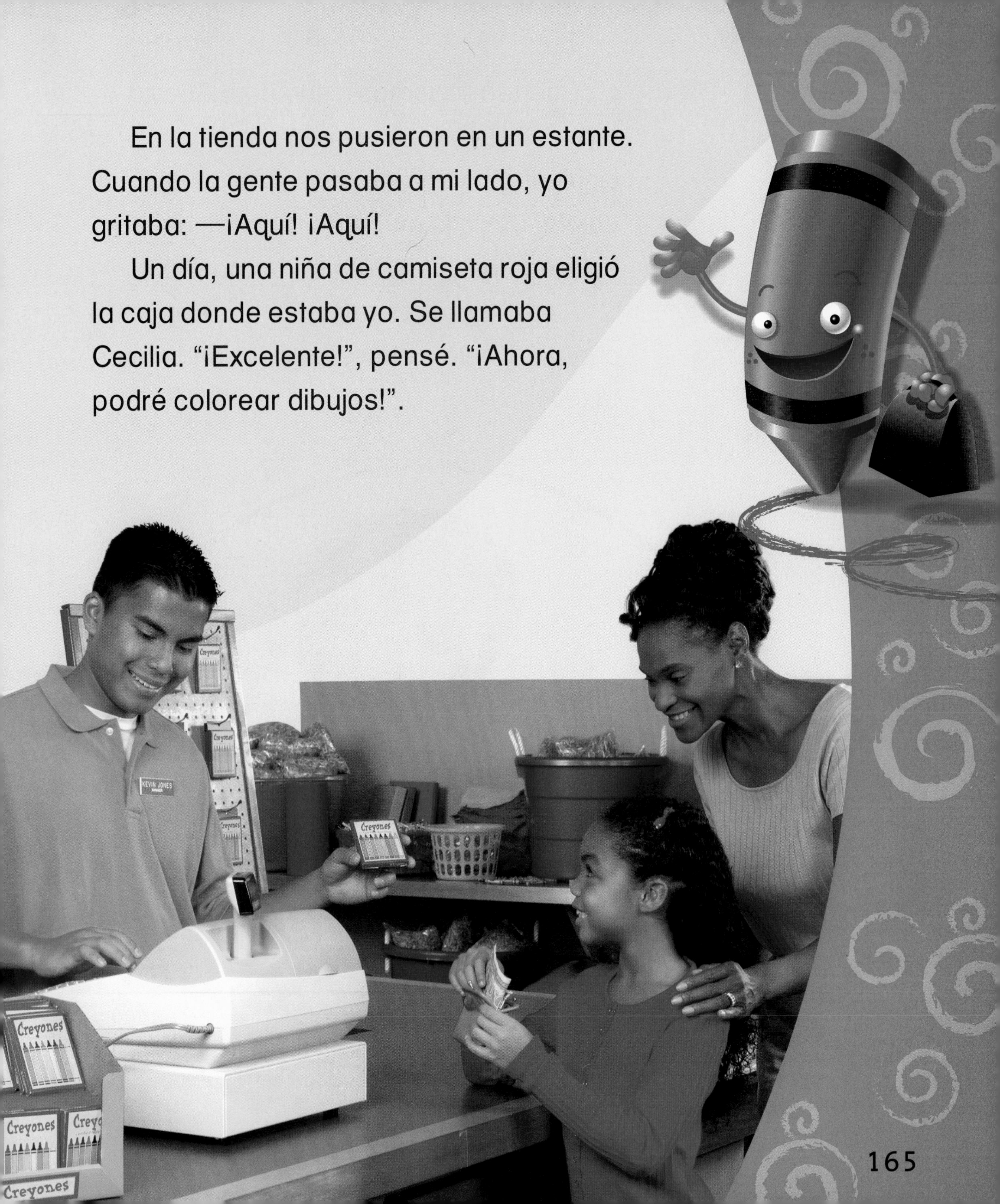

Cuando llegamos a su casa, Cecilia y yo coloreamos unas cerezas. Al día siguiente, coloreamos el techo de una casita. ¡Pero lo mejor de todo fue cuando coloreamos un camión de bomberos!

Ahora ya sabes cómo se hace un creyón. ¡Ojalá pienses en mí cuando uses tu creyón rojo!

Cómo se hace un creyón

Paso 1

Paso 2

Paso 3

Paso 4

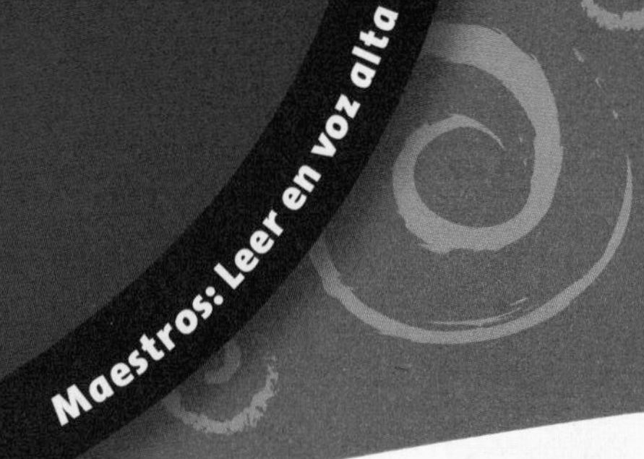

Pensamiento crítico

1. ¿Cómo se le da forma a un creyón?
   NOTAR DETALLES

2. ¿Se necesitan muchos trabajadores para hacer creyones? ¿Cómo lo sabes?
   SACAR CONCLUSIONES

3. ¿Cómo se le da color a un creyón?
   NOTAR DETALLES

4. ¿Por qué crees que la autora eligió que un creyón contara el cuento? INFERIR

5. **ESCRIBE** ¿Cómo se hace un creyón? Explica lo que has aprendido al leer el cuento. RESPUESTA ESCRITA

Conoce a la autora

Laura Williams

Laura Williams ha escrito muchos libros para niños. “Disfruté mucho de escribir este cuento, porque aprendí cosas nuevas”, dice. “Antes no sabía cómo se hacían los creyones”.

“Me gustan los creyones porque, cuando los uso, me siento niña otra vez. ¡Es una sensación maravillosa!”.

www.harcourtschool.com/reading

Creyones

por Marchette Chute

ilustrado por Vladimir Radunsky

Pinté un sol con mis creyones,
pero no quedé contento,
porque quiero que mi sol
brille como el sol del cielo.

Probé con el amarillo
y con el rojo probé,
pero el sol que yo imagino . . .
¡no es el que yo dibujé!

Enlaces

Comparar textos

1. ¿En qué se parecen el cuento y el poema? ¿En qué se diferencian?

2. ¿Qué otras cosas se hacen en las fábricas?

3. ¿Qué colores de creyones te gustan? ¿Por qué?

Escritura

Imagina que eres un creyón. Explícale a alguien cómo pintar un dibujo. Escribe lo que diría el creyón.

Sujétame bien fuerte. Úsame para pintar ese bonito árbol.

Fonética

Forma y lee nuevas palabras.

Comienza con **seco**.

Cambia **co** por **da**.

Cambia **se** por **ha**.

Cambia **da** por **ce**.

Cambia **ha** por **do**.

Práctica de la fluidez

Lee “La fábrica de creyones” con un compañero. Túrnense para leer. Si tu compañero no conoce alguna palabra, ayúdalo a leerla. Si lee las palabras correctamente, haz un gesto de aprobación.

Contenido

Lección 29

2

Género: Ficción realista

El castillo de arena

por Brenda Shannon Yee
ilustrado por Thea Kliros

¡Esculturas en la costa!

3

Género: Artículo de no ficción

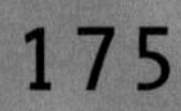

Cuento decodificable

Fonética

Repaso: Sílabas con *je, ji* y sílabas con *ge, gi*

Palabras para aprender

Repaso

- cielo
- después
- fuerte
- otro
- qué
- playa

Una casa frente al mar

por Deanne W. Kells

ilustrado por Claudine Gevry

Cangrejita vivía en una casa frente al mar. Todos los días salía a mirar el paisaje. Se subía a una roca para saludar a su amigo, el sol.

El sol iluminaba su jardín. Allí, Cangrejita plantaba lilas y girasoles. Los girasoles giraban y giraban para mirar el sol.

Un día, el cielo se puso muy oscuro. El viento rugía y rugía. El mar estaba muy agitado. ¡Las olas eran gigantes!

Después empezó a llover. El agua golpeaba las ventanas. El viento hacía crujir las paredes. Cangrejita corrió a protegerse bajo el techo.

Era una tormenta muy fuerte. Cangrejita se refugió en la sala. Tejió y tejió una larga bufanda. Después se quedó dormida.

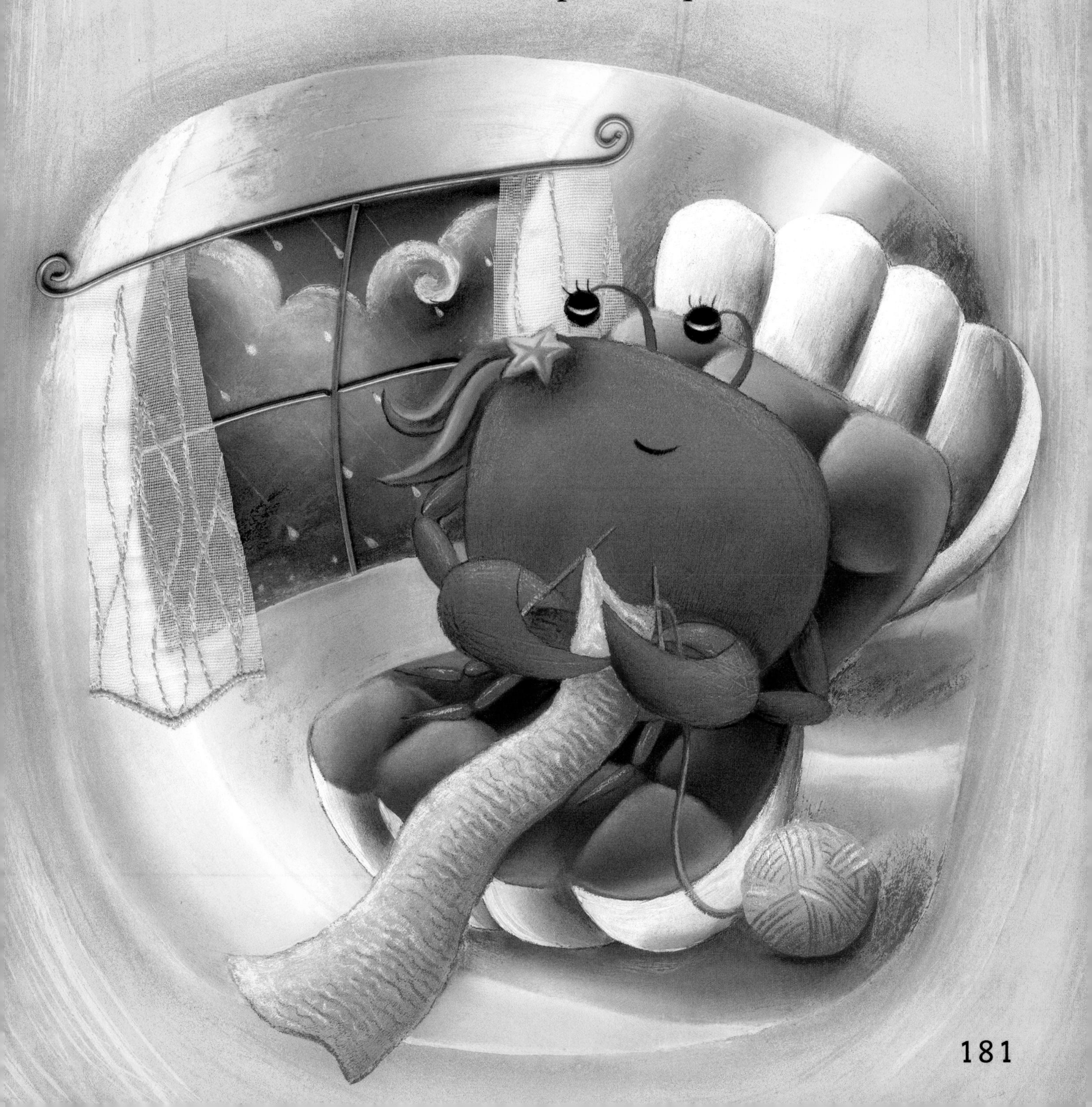

Al otro día, estaba un poco nublado. Pero el sol asomaba detrás de las nubes. ¡Qué alegría!

¡Era un día hermoso! Cangrejita salió a pasear por la playa. Se puso a recoger caracolas en la orilla. ¡Qué lindo era vivir en una casa frente al mar!

Destreza de enfoque

Detalles

Los **detalles** dan más información acerca de algo. Ayudan a responder las preguntas *¿quién?, ¿qué?, ¿dónde?* y *¿cuándo?*

Observa la ilustración.

Esta ilustración muestra muchos detalles que indican

¿Quién?	muchas personas
¿Qué?	un desfile
¿Dónde?	en una calle de una ciudad
¿Cuándo?	durante el día

Observa la foto. ¿Qué detalles ves? ¿Los detalles te ayudan a responder estas preguntas?

¿Quién?

¿Qué?

¿Dónde?

¿Cuándo?

Inténtalo

Observa la ilustración. ¿Qué detalles ves? ¿Te ayudan a responder las preguntas ***quién, qué, dónde*** y ***cuándo?***

Palabras para aprender

Palabras de uso frecuente

- profundo
- ancha
- alto

Esta mañana fui a la playa con mis amigos. Primero, sacamos mucha arena e hicimos un pozo muy **profundo**. Después, hicimos una pared **ancha**. Al final de la mañana, el castillo estaba listo. Era muy **alto** y muy bonito. ¡El mejor castillo del mundo!

www.harcourtschool.com/reading

Estudio del género

Un cuento de **ficción realista** es inventado, pero podría ocurrir en la vida real.

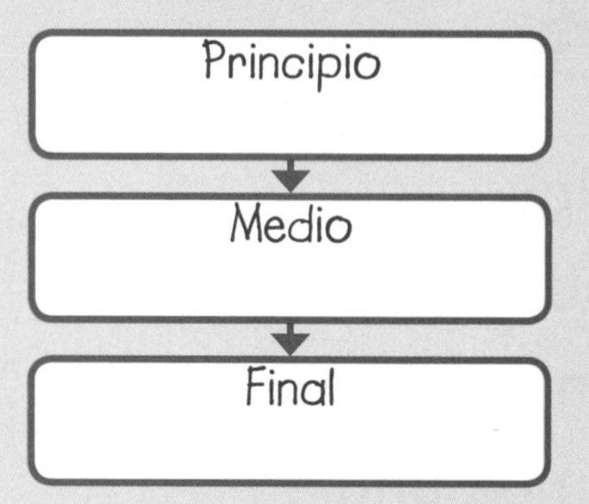

Estrategia de comprensión

Reconocer la estructura del cuento Cuando lees, recuerda el orden en que ocurren las cosas. ¿Qué pasa al principio? ¿Y en el medio? ¿Qué ocurre al final?

El castillo de arena

por Brenda Shannon Yee
ilustrado por Thea Kliros

Jimena cavaba y cavaba con su pala.

—¿Puedo ayudarte? —preguntó un niño—. Traje una cubeta...

—Estoy haciendo un castillo de arena —respondió Jimena.

—¡Genial! ¡Entonces le haré un foso gigante! —dijo el niño. Y empezó a cavar alrededor del castillo.

El castillo era cada vez más alto.

El foso era cada vez más profundo.

—¿Puedo ayudar? —dijo una niña—. Traje una cuchara . . .

—Yo estoy haciendo el foso —dijo el chico.

—Y éste es mi castillo —dijo Jimena.

—Déjenme hacer una zanja que llegue al lago —dijo la niña—. Así, el foso se llenará de agua.

La niña hizo una zanja en la arena. Enseguida, el agua se metió por la zanja y llegó hasta el foso.

El castillo era cada vez más alto.
El foso era cada vez más profundo.
La zanja era cada vez más ancha.

—¿Puedo ayudar? —preguntó otro niño—. Traje un vaso...

—Yo estoy haciendo la zanja que va hasta el lago —dijo la niña.

—Yo estoy haciendo el foso —dijo el niño.
—Y éste es mi castillo —dijo Jimena.

—¡Necesitarás un muro para proteger tu castillo! —sugirió el niño del vaso.

Llenó el vaso con arena húmeda.

Tap, tap. Giró el vaso y...

¡Magia! ¡Un bloque del muro listo!

Tap, tap. ¡Dos bloques listos!

El castillo era cada vez más alto.
El foso era cada vez más profundo.
La zanja era cada vez más ancha.
El muro era cada vez más largo.

—¿Puedo ayudar? —preguntó otra niña—. Traje un rastrillo . . .

—Yo estoy haciendo el muro —dijo el niño del vaso.

—Yo estoy haciendo la zanja que va hasta el lago —dijo la niña de la cuchara.

—Yo estoy haciendo el foso —dijo el niño de la cubeta.

—Y éste es mi castillo —dijo Jimena.

—Me imagino que necesitarán un camino. Así, la gente podrá llegar al castillo. Un camino bien resistente, para que puedan cabalgar los jinetes —dijo la niña. Y comenzó a pasar el rastrillo por la arena.

Los niños dieron los toques finales.
El castillo era grandioso.
El foso era muy profundo.
La zanja era ancha como un río.
El muro era fuerte y sólido.
Y el camino invitaba a entrar . . .

Comenzaba a ponerse el sol.
—¡Ángela! ¡Es hora de irnos!
—¡Nos vamos, Jeremías!
—¡Rita! ¡Recoge tus cosas!
—¡Pablo! ¡Enjuágate los pies!
—¡Jimena! ¡Di adiós a los niños!

—Pero . . . ¿quién vigilará el castillo? Hemos trabajado tanto tiempo. . . —dijo Ángela.

—Seguro que alguien lo destruirá cuando nos vayamos —dijo Pablo, afligido.

—¡Ya sé! —dijo Jimena. Y... ¡paf!, saltó ágilmente sobre el castillo. Con gran entusiasmo, los niños borraron el camino, derribaron el muro, pisotearon la zanja, rellenaron el foso y aplastaron el castillo.

—¡Adiós! —se despidieron los amigos de la playa—. ¡Mañana haremos un nuevo castillo!

Pensamiento crítico

1. ¿Qué hizo cada niño para ayudar a construir el castillo de arena?
   NOTAR DETALLES

2. ¿Cómo te das cuenta de que los niños trabajaron bien en equipo? INFERIR

3. ¿Por qué crees que los niños no se conocían antes de hacer el castillo?
   SACAR CONCLUSIONES

4. ¿Qué llevó a los niños a destruir el castillo? CAUSA Y EFECTO

5. **ESCRIBE** Escribe acerca de algo que hayas hecho con amigos. RESPUESTA ESCRITA

Conoce a la autora

Brenda Shannon Yee

Brenda Shannon Yee escribe cuentos y poemas desde que era pequeña. Éste es su primer libro ilustrado. A la señora Yee le encanta hablar de su trabajo, e incluso va a diferentes escuelas para hablar a los niños sobre su obra.

Conoce a la ilustradora

Thea Kliros

Thea Kliros nació en New York, pero ha vivido en distintas partes del mundo. Para hacer las ilustraciones de este cuento, usó lápices de colores y acuarelas.

www.harcourtschool.com/reading

¡Esculturas en la costa!

Todos los años, a esta playa llegan artistas para construir esculturas de arena. También llega gente de todo el mundo para ver las esculturas.

Las esculturas de arena son obras de arte. Algunas son muy pequeñas, pero otras son enormes. ¡Hacer una escultura grande a veces lleva más de tres días!

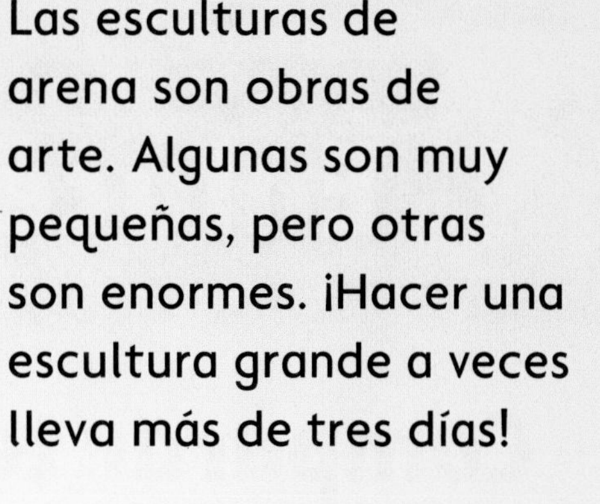

Antes de hacer las esculturas, los artistas rocían la arena con agua. De esta manera, la arena queda más compacta y las esculturas no se derrumban.

Se puede hacer cualquier tipo de escultura con arena. Piensa en todo lo que podrías crear. ¡Sólo necesitas arena, agua y un poco de imaginación!

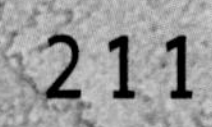

Enlaces

Comparar textos

1. ¿Qué ocurre en la playa en la que transcurre el cuento? ¿Qué ocurre en la playa que se describe en el artículo?

2. ¿Qué podrías encontrar en una playa?

3. ¿Qué te gustaría construir con arena?

Escritura

Recuerda lo que ocurre en "El castillo de arena". Ahora piensa otro final para el cuento. Escribe ese nuevo final.

Otro final de "El castillo de arena" podría ser . . .

Fonética

Forma y lee nuevas palabras.

Comienza con **girasol**.

Saca la sílaba **sol**.

Cambia **gi** por **e**.

Cambia **ra** por **je**.

Cambia **e** por **di**.

Práctica de la fluidez

Lee el cuento en voz alta con un compañero. Observa las páginas que comienzan con la oración "El castillo era cada vez más alto". Lee la oración que está después un poco más rápidamente. Luego, lee la siguiente oración más rápido aún.

Contenido

Lección 30

1 Cuento decodificable

En busca de la felicidad
por Linda Barr ilustrado por Ken Spengler

2 Género: Fantasía

La lista de Sapo

por Arnold Lobel

Tarde de agosto

por Marion Edey
ilustrado por Maria Carluccio

3 Género: Poesía

Cuento decodificable

Fonética

Repaso: Sílabas *gue, gui* y *güe, güi*

Palabras para aprender

Repaso

- quién
- entonces
- después
- ahora
- respondió

En busca de la felicidad

por Linda Barr

ilustrado por Ken Spengler

Pato no se sentía feliz en su lago.

—Mañana voy a buscar la felicidad —dijo a sus amiguitos—. ¿Quién vendrá conmigo?

Sus amiguitos no se animaban a seguirlo.

—¡Yo no! —dijeron todos enseguida.

—Entonces, me iré solo —declaró Pato.

Al día siguiente, Pato caminó muchas, pero muchas millas. Entonces se encontró con Gato. Gato tocaba su banjo.

—¿Eres feliz? —le preguntó Pato.

—Sí —contestó Gato.

—¿Cómo se consigue la felicidad? —preguntó Pato

—Tocando el banjo.

—¿Me dejas tocarlo?

—¡Qué pedigüeño! —dijo Gato—.
Te lo vendo por cinco monedas de oro.

Pato se puso muy triste.

—Toma. Es todo el oro que tengo.

—¡Trato hecho! —exclamó Gato.

Pato le pagó con todas sus monedas. Después se puso a tocar el banjo. Al rato, dijo:

—Pero... ¡me siento igual que antes!

—Yo no —dijo Gato—. Yo soy más feliz. ¡Ahora tengo cinco monedas de oro!

—¡Qué vergüenza! Me engañaste. Quédate con tu banjo.

Y Pato decidió regresar a su lago.

—¿Eres feliz ahora? —preguntaron sus amiguitos.

—Sí —respondió Pato—. ¡Soy feliz cuando estoy con ustedes!

Destreza fonética

Sílabas *gue, gui* y *güe, güi*

Observa las fotos. Busca las sílabas *gue* y *gui* en las palabras. ¿Están al principio, en el medio o al final de las palabras?

juguete

guitarra

Busca las sílabas *güe* y *güi*. ¿Están al principio, en el medio o al final de las palabras?

cigüeña

pingüino

Observa las fotos. Lee las palabras. Señala qué palabra corresponde a cada foto.

aguja

águila

guiño

pingüinera

agüita

paragüero

www.harcourtschool.com/reading

Inténtalo

Lee las oraciones.

El señor Miguel tiene una tienda de antigüedades. Vende juguetes, guitarras y paragüeros. ¿Te gustaría visitarla? ¡Puedes conseguir muchas cosas aquí!

Palabras para aprender

Palabras de uso frecuente

desayunar

almorzar

cenar

—¡Hola, Sepo! ¿Qué te ocurre?

—Es que esta mañana no he podido **desayunar**. Y tengo hambre . . . ¿Quieres **almorzar** conmigo?

—¡Claro! Y a la noche podemos **cenar** juntos. ¿Qué te parece?

—¡Muy bien! ¡Vamos!

Sapo y Sepo pasaron todo el día juntos. Conversaron y comieron cosas ricas.

En Internet www.harcourtschool.com/reading

Estudio del género

Un cuento de **fantasía** es un cuento inventado. Allí los personajes pueden ser animales que hablan y se comportan como personas. Al principio, en el medio y al final ocurren cosas graciosas.

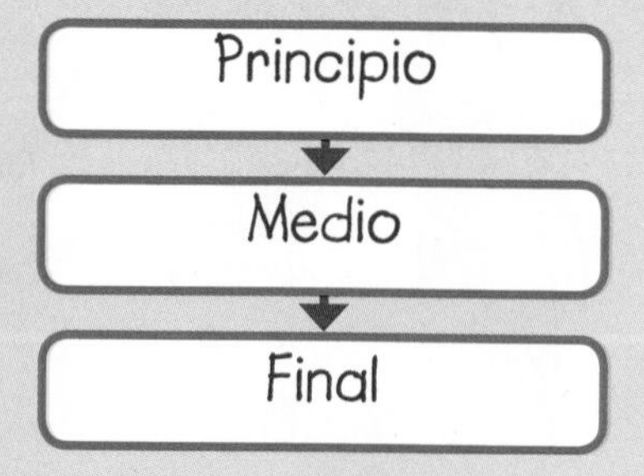

Estrategia de comprensión

Resumir Hacer un resumen ayuda a los lectores a compartir con otras personas lo que han leído. Piensa cómo podrías contar lo que ocurre en el cuento usando sólo cinco oraciones.

La lista de Sapo

por Arnold Lobel

Una lista

Una mañana, mientras estaba en la cama, Sapo dijo:

—Hoy tengo mucho que hacer. Haré una lista para no olvidarme de nada. ¡Y la seguiré al pie de la letra!

Y escribió en un papel:

Lista de cosas para hacer

Después escribió:

Despertarme

—Eso ya lo he hecho —dijo Sapo, y tachó:

~~Despertarme~~

Después escribió otras cosas:

Lista de cosas
para hacer

~~Despertarme~~

Desayunar té con guindas

Vestirme

Ir a la casa de Sepo

Salir a caminar con Sepo

Almorzar guisantes

Dormir la siesta

Jugar con Sepo

Cenar un guiso

Dormirme

—¡Ya está! —dijo Sapo—. Ya escribí todo mi día.

Salió de la cama, tomó té y comió unas guindas. Después tachó:

~~Desayunar té con guindas~~

Sapo sacó su ropa del ropero y se la puso. Después tachó:

~~Vestirme~~

Y se metió la lista en el bolsillo.

Abrió la puerta y salió al aire de la mañana. Pronto llegó a la casa de Sepo. Sacó la lista del bolsillo y tachó:

~~Ir a la casa de Sepo~~

Sapo golpeó a la puerta.

—Hola —dijo Sepo.

—¡Mira! Hice una lista de todas las cosas que tengo que hacer.

—¡Oh! —respondió Sepo—. Eso está muy bien.

Sapo dijo:

—Lo que sigue en mi lista es salir a caminar contigo.

—Está bien —dijo Sepo—. Yo estoy listo.

Sapo y Sepo salieron a caminar. Después, Sapo sacó otra vez la lista del bolsillo.

Tachó:

~~Salir a caminar con Sepo~~

Justo en ese momento empezó a soplar el viento.

Y la lista se le voló de las manos.

Y se elevó alto, muy alto en el cielo, por donde vuelan las cigüeñas.

—¡Ayuda! —gritó Sapo—. ¡Se me ha volado la lista! ¡Qué vergüenza! ¡Ya no sé qué tengo que hacer hoy!

—¡De prisa! —dijo Sepo—. ¡Corramos! ¡Vamos a perseguirla!

—¡No! —gritó Sapo—. No puedo hacer eso.

—¿Por qué no? —preguntó Sepo.

—Porque . . . ¡perseguir mi lista no estaba entre las cosas que escribí en mi lista de cosas para hacer! —gimió Sapo.

Sepo corrió tras la lista.

Cruzó colinas y pantanos, pero la lista seguía volando.

Al final, Sepo regresó junto a Sapo.

—Lo siento —dijo, muy afligido—, pero no pude atrapar tu lista.

—Oh . . . —respondió Sapo.

—¡Qué vergüenza! No recuerdo ninguna de las cosas que anoté para hacer hoy. Tendré que quedarme sentado y no hacer nada —dijo Sapo.

Y se quedó sentado sin hacer nada.

Sepo se quedó con él.

Después de un largo rato, dijo:

—Sapo, está oscureciendo. Ya deberíamos dormirnos.

—¡Dormirme! —gritó Sapo—. ¡Eso era lo último que había en mi lista!

Con un palo, Sapo escribió en el suelo: Dormirme

Después lo tachó:

~~Dormirme~~

—Ya está —dijo Sapo—. ¡Ahora mi día está todo tachado!

—Me alegro —respondió Sepo.

Entonces, Sepo y Sapo cerraron

los ojos y… ¡se quedaron dormidos!

~~Dormirme~~

Pensamiento crítico

1. Explica en pocas oraciones de qué se trata el cuento. RESUMIR

2. ¿Cómo sabes que Sepo y Sapo son buenos amigos? SACAR CONCLUSIONES

3. ¿Por qué Sapo no corrió tras la lista cuando se le voló? NOTAR DETALLES

4. ¿Qué te hace pensar que Sapo es un poco ingenuo? INFERIR

5. **ESCRIBE** Haz una lista de las cosas que planeas hacer hoy. RESPUESTA ESCRITA

Conoce al autor e ilustrador

Arnold Lobel

Arnold Lobel cuenta que, cuando era niño, sacar libros de la biblioteca era una de sus actividades favoritas. A menudo, escribía e ilustraba cuentos para entretener a sus compañeros de clase.

Cuando comenzó a escribir libros para niños, a veces se inspiraba en los dibujos animados que miraban sus hijos. Arnold Lobel escribió e ilustró muchos libros que hoy son favoritos entre los niños de todo el mundo.

En Internet www.harcourtschool.com/reading

Maestros: Leer en voz alta
Tarde de agosto
por Marion Edey
ilustrado por Maria Carluccio
Poesía

Tarde de agosto

por Marion Edey
ilustrado por Maria Carluccio

¿Dónde podemos ir
    esta tarde de calor?
¿A qué podemos jugar
    bajo los rayos del sol?

Vayamos a los columpios
    para subir hasta el cielo
y volver pronto a la tierra
    en un fantástico vuelo.

Después hagamos un picnic
    y bebamos limonada
en vasitos con pajitas . . .
    ¡hasta que no quede nada!

Maestros: Leer en voz alta

Enlaces

Comparar textos

1. ¿Qué dicen el cuento y el poema acerca de la amistad?

2. ¿Por qué es divertido hacer cosas con amigos?

3. ¿Qué tipo de listas te gusta hacer?

Escritura

Un día mi amigo me preguntó si podía ayudarlo con su tarea. Yo contesté que sí.

Recuerda cómo Sepo ayuda a su amigo Sapo. Ahora recuerda alguna vez que hayas ayudado a un amigo. Escribe un breve cuento acerca de este tema.

Fonética

Forma y lee nuevas palabras.

Comienza con **sigue**.

Cambia **si** por **pa**.

Cambia **gue** por **so**.

Cambia **pa** por **gui**.

Luego, forma la palabra **pingüino**. ¿Qué otro animal conoces cuyo nombre tiene la sílaba güe o güi?

Práctica de la fluidez

Lee el cuento en voz alta a un compañero. Túrnense para leer las páginas del cuento. Imagina que Sapo habla lentamente. Lee sus diálogos lentamente. Imagina que Sepo habla más rápido. Lee sus diálogos un poco más rápidamente.

Glosario

¿Qué es un glosario?

Los glosarios pueden ayudarte a leer una palabra. Busca la palabra y léela en una oración. Para que te resulte más sencillo, algunas palabras están acompañadas por una fotografía.

ciudad **La ciudad se ilumina por la noche.**

A

almorzar ¿Quieres **almorzar** pollo con papas?

almorzar

alrededor El perro corre **alrededor** del árbol.

ancha La calle donde vivo es **ancha.**

B

banjo Pablo toca el **banjo.**

blanco El **blanco** es mi color favorito.

C

castillo

castillo Flor y yo hicimos un **castillo** de arena.

cenar

cohete

columpios

creyón

cenar Me gusta **cenar** con mi familia.

cera Las velas se hacen con **cera.**

cohete Este **cohete** puede viajar al espacio.

color El rojo es mi **color** favorito.

columpios Vamos a jugar a los **columpios.**

creyón Aquí hay un **creyón** rojo, uno amarillo y uno azul.

D

derecha Soy más hábil con mi mano **derecha.**

desayunar

desayunar Me gusta **desayunar** en casa.

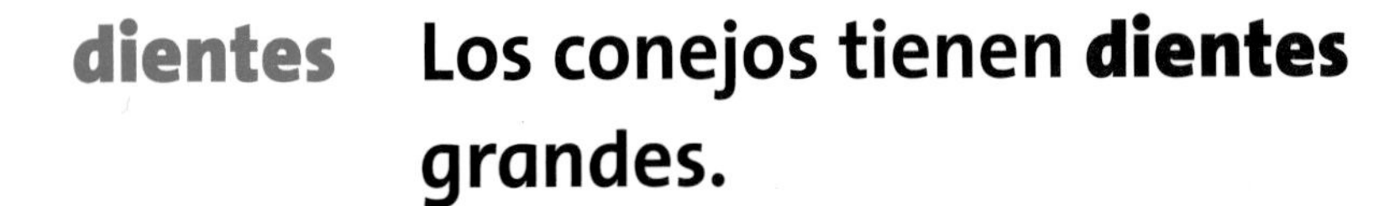

dientes Los conejos tienen **dientes** grandes.

dientes

difícil Esta suma es muy **difícil.**

F

fábrica Esa **fábrica** es muy grande.

fábrica

fácil Hacer burbujas es **fácil.** Sólo hay que soplar.

favorito El fútbol es mi deporte **favorito.**

foso El **foso** rodea el castillo.

I

izquierda Tengo un lunar en mi mano **izquierda.**

L

largo Sara tiene el pelo muy **largo.**

lejos Las estrellas están muy **lejos** de la Tierra.

lista Hice una **lista** de cosas para comprar.

luego Ya me voy. ¡Hasta **luego**!

mar

M

mar En el **mar** viven muchos animales.

membrana Los patos tienen una **membrana** entre sus dedos.

muro Ese **muro** es de piedra.

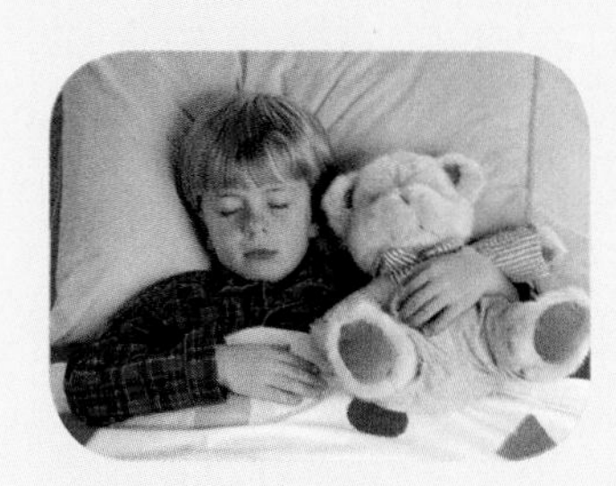
noche

N

noche Él descansa por la **noche.**

ojos

O

ojos El bebé tiene **ojos** grandes de color café.

otro El **otro** día fui a la casa de mi abuela.

P

pantanos En los **pantanos** viven muchos animales.

parque Jugamos en el **parque.**

profundo El río es **profundo.**

T

tienda Compramos comida en la **tienda.**

transparente El vidrio es **transparente.**

V

ventana Esa casa tiene una **ventana** redonda.

ventana

Z

zanja Esa **zanja** es muy profunda.

Acknowledgments
For permission to translate/reprint copyrighted material, grateful acknowledgment is made to the following sources:

HarperCollins Publishers: "A List" from *Frog and Toad Together* by Arnold Lobel. Copyright © 1971, 1972 by Arnold Lobel. *Sand Castle* by Brenda Shannon Yee, illustrated by Thea Kliros. Text copyright © 1999 by Brenda Shannon Yee; illustrations copyright © 1999 by Thea Kliros.

The Watt's Publishing Group Ltd.: Ebb & Flo and the Baby Seal by Jane Simmons. Copyright © 2000 by Jane Simmons.

Photo Credits
Placement Key: (t) top; (b) bottom; (l) left; (r) right; (c) center; (bg) background; (fg) foreground; (i) inset
12 (t) Jane Wooster Scott/SuperStock; 24 (c) Atlantide Phototravel/Corbis; 24 (br) PhotoDisc/Getty Images; 25 (c) PhotoDisc/Getty Images; 26 Wayne Lynch/Masterfile; 28 (t) Wayne Lynch/Masterfile; 28 (b) Paul Hanna/ Reuters/Corbis; 29 (r) Byron Jorjorian/Digital Vision/Getty Images; 30 (bl) Wayne Lynch/Masterfile; 30 (tl) Gerry Ellis/Minden Pictures; 30 (tr) GK Hart/Vikki Hart/The Image Bank/Getty Images; 30 (br) Paul Hanna/ Reuters/Corbis; 31 (c) Wayne Lynch/Masterfile; 32 (r) David Trood/Getty Images; 32 (c) Steve Bloom; 33 (c) Art Wolfe, Inc.; 34 (c) Thai-Images/ Alamy; 35 (c) Jose Fuste Raga/Corbis; 36 (c) Gerry Ellis/Minden Pictures; 36 (r) Kevin Leigh/Index Stock Imagery, Inc.; 37 (c) GK Hart/Vikki Hart/The Image Bank/Getty Images; 38 (c) Hans Reinhard/Bruce Coleman USA; 38 (r) Jim Wehtje/Brand X Pictures/PictureQuest; 39 (c) Anup Shah/Taxi/Getty Images; 40 (c) age fotostock /SuperStock; 40 (r) Seide Preis/Getty Images; 41 (r) GK Hart/Vicki Hart/Getty Images; 41 (c) Tom Brakefield/Bruce Coleman, Inc.; 42 (c) Londolozi/Masterfile; 42 (r) GK Hart/Vicki Hart/Getty Images; 43 (c) David A. Northcott/Corbis; 43 (r) David A. Northcott/Corbis; 44 (r) David A. Northcott/Corbis; 44 (c) Dwight Kuhn Photography; 45 (c) Paul Hanna/Reuters/Corbis; 46 (c) Jeff Rotman/Stone/Getty Images; 46 (r) Paul Hanna/Reuters/Corbis; 48 (bg) Photodisc/Getty Images; 49 (l) Byron Jorjorian/Digital Vision/Getty Images; 52 Royalty-Free/Corbis; 58 (r) The Stocktrek Corp/PictureQuest; 90 (br) Neil Armstrong/NASA/Corbis; 90 (t) CSA Plastock / Getty Images; 91 (tr) © Carphotos/Alamy; 91 (tl) © Dennis Frates/Alamy; 91 (bl) © Skyscan Photo Library / Alamy; 91 (cl) Corbis; 91 (cr) Larry Fisher / Masterfile; 91 (br) Leon Neal/Stringer/Getty Images; 93 (cr) PhotoDisc/ Getty Images; 106 emily2k/Shutterstock; 134 (bl) Ron Levy/Global Image Group; 135 (bl) Galen & Barbara Rowell/Mountain Light; 135 (cr) Kim Heacox/Peter Arnold, Inc.; 135 (bc) Ron Levy/Global Image Group; 135 (tl) Steve Bloom Images/Alamy; 137 (tr) George Doyle/Stockdisc Classic/Getty Images; 148 (c) Photodisc Green/Getty Images; 150 Gale Zucker Photography; 155 Gale Zucker; 156 Gale Zucker Photography; 157 (t) Gale Zucker Photography; 157 (b) Gale Zucker Photography; 158 (t) Gale Zucker Photography; 159 (b) Gale Zucker Photography; 160 (b) Gale Zucker Photography; 161 (t) Gale Zucker Photography; 162 (b) Gale Zucker Photography; 163 (t) Gale Zucker Photography; 164 (t) Royalty-Free/Corbis; 167 (tl) Gale Zucker Photography; 167 Gale Zucker Photography; 167 Gale Zucker Photography; 167 Gale Zucker Photography; 185 (tr) Richard Hutchings/PhotoEdit; 210 (bg) Charles Hester Photography; 210 (c) Joseph Baraty; 210 (bg) South Padre Island, Texas Convention & Visitors Bureau; 211 (tl) Charles Hester Photography; 211 (cr) Charles Hester Photography; 211 (bl) Charles Hester Photography; 211 (tl) Joseph Baraty; 211 (cr) Joseph Baraty; 211 (tl) South Padre Island, Texas Convention & Visitors Bureau; 211 (cr) South Padre Island, Texas Convention & Visitors Bureau; 211 (bl) South Padre Island, Texas Convention & Visitors Bureau; 224 (br) Brand X/SuperStock; 224 (t) Joseph Calev/Shutterstock; 225 (br) Chuck Pefley/Alamy Images; 226 Djordje Zoric/Shutterstock.

All other photos © Harcourt School Publishers. Harcourt photos provided by Harcourt Index, Harcourt IPR, and Harcourt Photographers: Weronica Ankarorn, Eric Camden, Doug DuKane, Ken Kinsie, April Riehm and Steve Williams.

Illustration Credits
Cover Art; Laura and Eric Ovresat, Artlab, Inc.